SAMMLUNG FRIEDER BURDA

Der Bau von Richard Meier

SAMMLUNG FRIEDER BURDA Der Bau von Richard Meier

HATJE CANTZ
STIFTUNG FRIEDER BURDA

FRIEDER BURDA

Warum Richard Meier

Farben und Bilder spielten schon in meinem Elternhaus eine große Rolle. Mein Vater war Drucker und Verleger. Ich war in meiner frühen Jugend zu Hause von Bildern umgeben. Ich erinnere mich gut, wie mein Vater oftmals erstaunt von Besuchen bei wichtigen Geschäftspartnern mit der Bemerkung zurückkehrte, in diesem Haus hänge nicht ein einziges Bild an der Wand. Für uns war das unvorstellbar. Bildende Kunst war eine Selbstverständlichkeit. Dabei war es nicht nur der deutsche Expressionismus, der aufgrund der intensiven Farben eine große Anziehungskraft hatte, mein Vater kaufte ebenso Bilder, die dem damaligen Zeitgeist entsprachen. Ich denke an Hans Kuhn, Werner Gilles und Fred Thieler.

Die Begeisterung meines Vaters hat sich auf mich übertragen. Diese frühen Eindrücke von Farben und Bildern lassen mich bis heute nicht los. Im letzten Drittel des 20. Jahrhunderts bin ich dann – ohne es anfänglich so richtig zu merken – zum Sammler geworden. Sammeln ist Leidenschaft.

Die siebziger und achtziger Jahre waren für mich in Deutschland – was die Malerei betraf – aufregend. Richter, Polke, Baselitz, Rainer, um nur einige zu nennen, faszinierten mich. Pablo Picasso mit seinen späten Bildern war genauso spannend wie Mark Rothko und Jackson Pollok in den USA. Ihre Arbeiten ließen mich nicht los, und es gelang mir auch in jenen Jahren, die ersten davon zu erwerben. Meine Sammelleidenschaft und damit auch die Sammlung wurden immer größer. Ende der neunziger Jahre wurde mir dann plötzlich klar, dass ich für meine Sammlung ein Haus brauchte. Die Idee, ein öffentliches Museum zu errichten, nahm konkrete Formen an, und mein ganzes Denken drehte sich seither fast nur noch um dieses Haus.

Wenn ich gewusst hätte, was alles auf mich zukommt, wäre ich vielleicht davor zurückgeschreckt. Es gab mehrere Anläufe, auch mehrere Entwürfe von renommierten, internationalen Architekten – keiner der Vorschläge entsprach meiner Vorstellung. Ich habe mit mir gerungen, den richtigen Weg zu finden. Was ist der richtige Weg?

Ich bin aber immer rechtzeitig umgekehrt und habe selbst bereits vorliegende Pläne nicht realisiert. Dann kam Richard Meier. Ich kannte ihn seit Jahren und habe seine meisterhaften Architekturprojekte immer verfolgt. Richard Meier hat die Situation in Baden-Baden sofort verstanden. Er hat ein wunderbares Gebäude aus Licht und Glas entworfen. Sehr klar, sehr hell, leicht. Das Gebäude scheint zu schweben. Richard Meier holt den Park ins Museum, und die Kunst strahlt aus dem Museum in den Park. Eine einzigartige Situation.

Jeder Museumsneubau muss mit der Landschaft und Umgebung harmonieren. Wenn dies gelingt, dann werden die Bilder das Notwendige dazu beitragen, um ein Gesamtkunstwerk entstehen zu lassen. Meier nahm sehr einfühlsam Rücksicht auf die fast hundert Jahre alte Kunsthalle von Hermann Billing, die nun vom Neubau alles andere als erdrückt wird. Die gläserne »Baden-Badener Brücke« ist gleichermaßen Verbindungsweg wie ein Symbol für die Kooperation. Der alte klassizistische Bau lebt auf, das ist Beweis für Meiers ausgeprägtes Einfühlungsvermögen.

Die Lichtentaler Allee ist zweifellos eine der schönsten Parkanlagen in Deutschland. Sie ist nicht nur der Baden-Badener Bevölkerung heilig, sondern auch den vielen Besuchern, die hierher kommen. Nach Jahren der Mühe ist mit dem neuen Museum ein Zentrum der modernen Kunst an diesem Platz, an der weltberühmten Lichtentaler Allee entstanden, das noch Generationen nach uns viel Freude bereiten wird. Ein Juwel im Park als Geschenk an Baden-Baden.

Ich habe während der gesamten Bauphase gelitten, gestritten, immer wieder gekämpft, auch mit Richard Meier. Dank seiner großartigen Persönlichkeit, seiner außerordentlichen Kreativität und beruflichen Erfahrung haben wir immer wieder den richtigen Weg gefunden. Auch seine Mitarbeiter Bernhard Karpf, Stefan Scheiber, Peter Kruse und Andreas Lumpp, die hier vor Ort manchmal bis zur Erschöpfung geplant haben, sollten an dieser Stelle nicht vergessen werden. Allen, die geholfen haben, diesen Traum Realität werden zu lassen, möchte ich herzlich danken – das Werk ist gelungen.

Richard Meier zitiert gerne einen Satz von Leonardo da Vinci: »Proportionen findet man nicht nur in Zahlen und Maßen, sondern auch in Klängen, Gewichten, Zeiten, Positionen und allen möglichen anderen Kräften.« Das Bauwerk in der Lichtentaler Allee ist ein wunderbares Beispiel dafür.

Danke Richard!

RICHARD MEIER Sammlung Frieder Burda 2001–2004

Die besten Werke der Moderne beschäftigen sich konsequent mit architektonischen Prinzipien und Idealen. Moderne Malerei fragt nach den Strukturen von Malerei, moderne Skulptur nach dem Zusammenhang von Kunst und Raum. Entsprechend untersucht die moderne Architektur, wie sich Licht zum Raum und zum menschlichen Maß verhält. Alle künstlerischen Gattungen entziehen sich damit dekorativen, illustrativen oder sentimentalen Anforderungen.

Das revolutionäre Potenzial der Moderne zeigt sich vor allem in solchen Werken, die kompromisslos Technik an die Stelle der Illusion setzen. Das Museum für die Sammlung Frieder Burda ist ein modernes Bauwerk etwas anderen Zuschnitts. Es ist zwanglos mit einer malerischen Gartenanlage verbunden und liegt fußgängerfreundlich an einem Ort von besonderer Ausstrahlung und menschlichen Dimensionen.

Der Entwurf sah ein neues Museum für Kunst des 20. und 21. Jahrhunderts vor, das sich in die einzigartige Parklandschaft an der Lichtentaler Allee einfügen und gleichzeitig in seinen Proportionen mit der angrenzenden Staatlichen Kunsthalle Baden-Baden harmonieren sollte. Große Anstrengungen wurden unternommen, um möglichst viele Bäume auf dem Areal zu erhalten, damit sich die Sammlung Frieder Burda wie selbstverständlich in die umliegende Natur eingliedern konnte. Form, Linienführung und Abmessungen des neuen Gebäudes korrespondieren in ihrer Gesamtheit mit den Geschosshöhen und dem Giebel der neoklassizistischen Kunsthalle, wobei beide Institutionen ihre eigene architektonische Identität behalten.

Man betritt den sorgsam in den majestätischen Baumbestand der Lichtentaler Allee eingebetteten dreigeschossigen Neubau durch einen Haupteingang, der östlich zum zentralen Fußweg durch den Park liegt. Im ersten Stock verbindet eine gläserne Brücke das Gebäude mit dem Erdgeschoss der Kunsthalle. Diese Brücke ist behutsam darauf abgestimmt, den Charakter der vorhandenen Kunsthalle so wenig wie möglich zu beeinträchtigen. Die Sammlung Frieder Burda versteht sich als eigenständiges Museum und zugleich als partnerschaftliche Ergänzung der Kunsthalle. Deshalb lässt sich die gläserne Verbindung zwischen den Gebäuden öffnen oder schließen. Ein tiefer gelegener Außenhof umfasst das Gebäude an der Südfassade und betont auf ungewohnte Weise die Anbindung des Museums an die umliegende Landschaft der ruhigen, friedlichen Lichtentaler Allee.

Der eintretende Besucher geht durch ein lichtes Atrium, den Lobby- beziehungsweise Empfangsbereich, zu einer großzügigen querliegenden Rampenanlage, die sich über vier Geschosse erstreckt und mit der Brückenverbindung zur Kunsthalle einen Stock darüber auf einer Achse liegt. Zusammen mit dem angrenzenden Aufzug gewährt die Rampe Zugang zu einem zweiten großen, über der Halle im Erdgeschoss liegen-

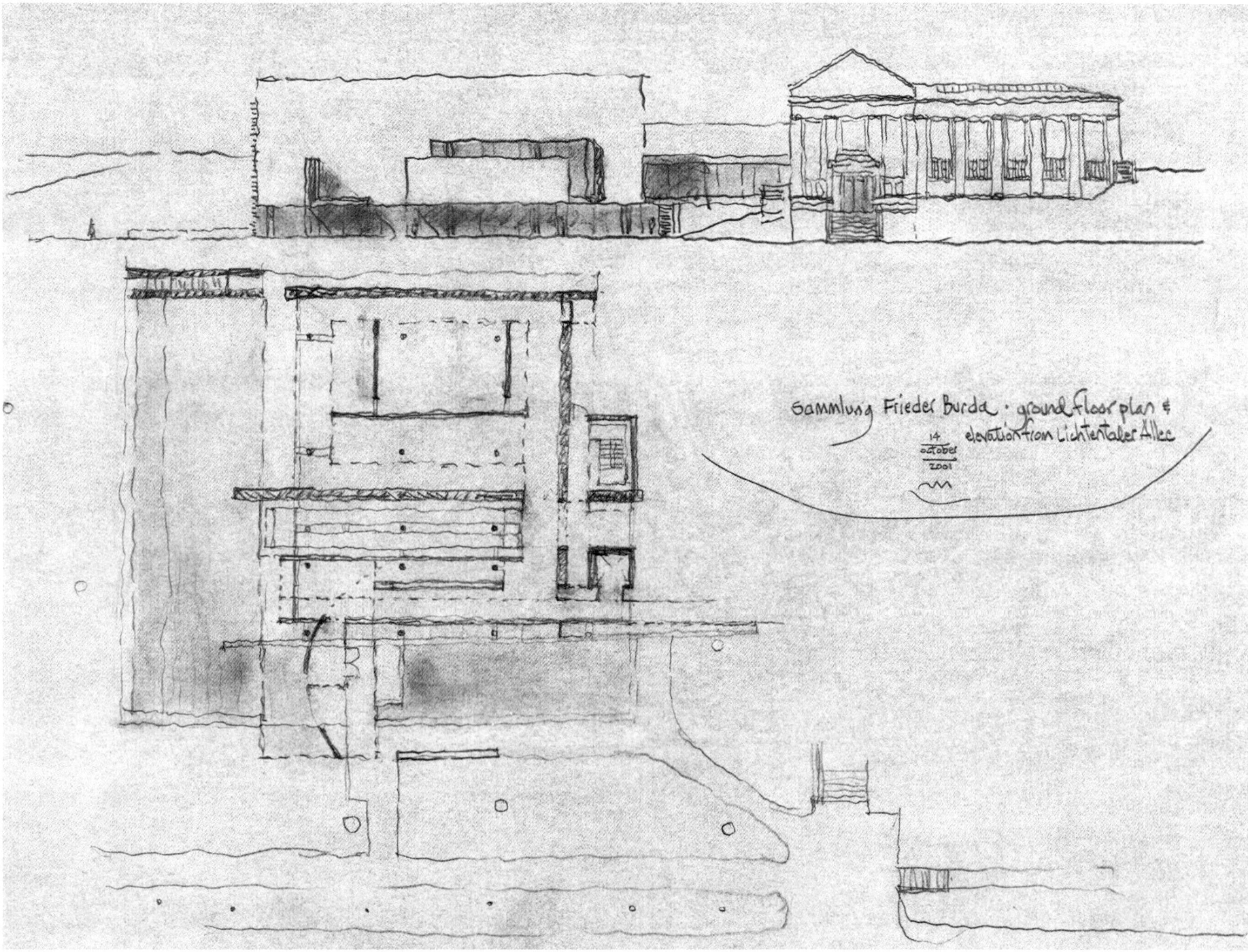

Richard Meier, Entwurfsskizze, 2001

den Galerieraum sowie zu zusätzlichen Ausstellungsräumen im Untergeschoss und im Mezzanin, von dem aus man den Eingangsbereich überblickt. Die große Rampe gibt historisch und formal gesehen vor allem das Motiv einer Spiralsequenz. Ich möchte diese Rampe jedoch eher als ein Ereignis an sich betrachten, eher ein malerisches als ein sequenzielles Element im räumlichen Ganzen. Ich hoffe, die Besucher werden den Parcours durch das Gebäude als einen eigenen Rhythmus aus Bewegung und Ruhe erleben. Der Gang durch das Gebäude soll nämlich immer dort durch Stoppeffekte und Gegenachsen unterbrochen werden, wo die Schräge der Rampe auf den Zugang zu einem Galerieraum trifft.

Das Licht fällt durch Glaswände, die mit Sonnenblenden versehen sind, in die klar und geradlinig gehaltenen weißen Ausstellungsräume ein. Der obere Hauptausstellungsraum, der mit der Rampenanlage durch eine Brücke verbunden ist, bietet Ausblicke in den umliegenden Park und auf die tiefere Ebene. Die Lufträume in den oberen Etagen und die Wandvorsprünge der tieferen Galerie lassen natürliches Licht auch in das untere Stockwerk einfallen. Gesteuertes natürliches Licht ist in den meisten Ausstellungsräumen vorhanden und demonstriert, in wie unterschiedlicher Weise sich die Raumerfahrung auf die Betrachtung der Kunst auswirken kann. Mithilfe von Lamellen an der Südfassade lässt sich die Lichtmenge regulieren, die zu den unterschiedlichen Tageszeiten in die Galerieräume einfällt.

Frieder Burda ist ein passionierter und engagierter Sammler zeitgenössischer Kunst. Sein Blick und sein Bewusstsein sind so ausgeprägt, dass die Liebe zur Kunst und die Liebe zum Betrachten von Kunst zu einem integralen Bestandteil seines Lebens geworden sind. Seine Leidenschaft für Malerei und Skulptur ist regelrecht ansteckend. Deshalb ist es für mich eine große Ehre, mit ihm zusammenzuarbeiten, um ein Kunstwerk, ein Architekturwerk zu schaffen, in dem der Besucher Kunst und Raum gleichermaßen wahrnimmt und diese einzigartige Sammlung mit Kunst der letzten hundert Jahre in einer harmonischen Umgebung erlebt.

Reichtum und Bedeutung der Sammlung Frieder Burda fügen den Arbeiten der großen in ihr vertretenen Künstler nichts hinzu, doch werden die Zusammenhänge und Beziehungen zwischen der Sammlungskonzeption und den einzelnen künstlerischen Ausdrucksformen in neuem Licht zu betrachten sein: Im Tageslicht, das aufgrund wechselnder Wetterbedingungen und wechselnder Jahreszeiten die Kunstwerke im Museum so lebendig beleuchtet, wie dies mit künstlichem Licht nie zu erreichen wäre. Licht ist hier das wichtigste Baumaterial, ihm kommt eine Schlüsselfunktion zu. Das Licht, das die Stadt Baden-Baden und die Lichtentaler Allee beleuchtet, ist von hoher Qualität und Klarheit; es wird nun auch die Innenräume des Museums durchfluten. Damit hat der Besucher die Möglichkeit, die Kunstwerke in dem gleichen natür-

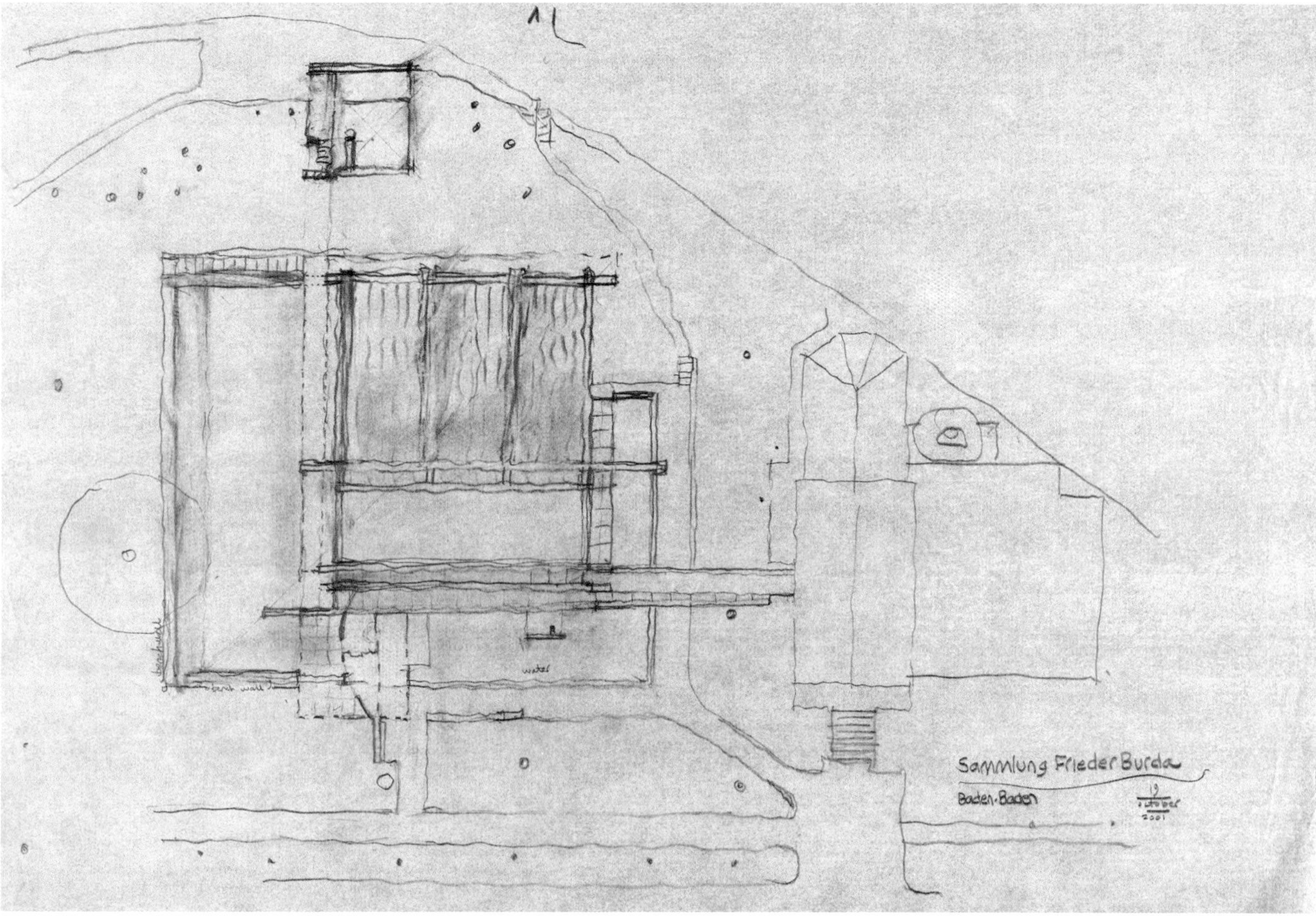

Richard Meier, Entwurfsskizze Grundriss/Dachaufsicht, 2001

lichen Licht zu betrachten, in dem die meisten Künstler sie geschaffen haben. Die Sammlung Frieder Burda wird, davon bin ich überzeugt, in ihrer Idee und materiellen Umsetzung eine besondere Ausstrahlung entfalten, nicht zuletzt deshalb, weil – so hoffe ich – Raum- und Kunsterfahrung an diesem Ort in besonderer Qualität zusammenwirken.

Ansicht von Nordosten

Südfassade, Detail

Südfassade

KLAUS GALLWITZ

The Best Man

Jetzt hat die Sammlung von Frieder Burda ihr Haus, und die Lichtentaler Allee schmückt sich damit wie mit einer Braut. Richard Meier ist *The Best Man*, Zeremonienmeister und Trauzeuge in einer Person. Maßgeschneidert das Museum. Eine Hochzeit von Park und Architektur. Die alten Bäume stehen Spalier. Gäste aus nah und fern werden darin übereinstimmen: Ein schönes Paar.

Es fehlt nicht an ungewöhnlichen Plätzen, an denen sich heute Museen aus privater Initiative gegründet haben, so in unmittelbarer Nachbarschaft von Basel die Fondation Beyeler und jüngst das Schaulager der Emanuel-Hoffmann-Stiftung. In beiden Fällen nobilitierte der Platz den Bau und umgekehrt der Bau den Platz. Anders in Baden-Baden. Ein hoch empfindliches Gleichgewicht von Historie und Gegenwart ist hergestellt. Die Allee und der Architekt sind eine Partnerschaft eingegangen, in der keiner den anderen dominiert. In einer Art Goldenem Schnitt treffen sich Natur und Bauwerk, eine Allianz, die sich beinahe unauffällig und mit großer Selbstverständlichkeit mitteilt. Sie schließt die gesamte Umgebung mit ein, ordnet Körper, Raum und Licht. Die Antithesen von Kunst und Natur sind an diesem Punkt in Übereinstimmung gebracht. Eine seltene Versöhnung ist gelungen, und diese Erfahrung prägt sich ein, bevor man den Bau betreten hat.

Die Lichtentaler Allee ist schöner und heller geworden. Nichts ist verloren gegangen, auch das Bild der Stadt hat an dieser Stelle gewonnen. Das ungleiche Ensemble der Bauten beiderseits der Oos hat ein Flaggschiff erhalten, das sich als *primus inter pares* zu erkennen gibt. Der versteckte, teils verspielte, teils ambitiöse Klassizismus eines auf Ausgleich bedachten Miteinanders kann sich mit einer Krone zieren, deren eigentlicher Schmuck ihre Schmucklosigkeit ist. Eine Rücknahme aller Ansprüche der Belle Epoque, die in der Stadt ihr Zuhause hatte, und eine hohe Schule der Rationalität, die dem Überangebot der Natur Paroli bietet.

Friedrich Weinbrenner, Heinrich Hübsch, Hermann Billing und Richard Meier sind Baumeister, auf die sich Baden-Baden berufen darf. Keiner steht dem anderen nach. Daran ändern die zweihundert Jahre nichts, die sie voneinander trennen, im Gegenteil, sie geben sich die Stichworte auf einer Bühne, deren Hintergrund eine Kleinstadt ist.

Richard Meier hat kalifornisches Licht in die Grünen Salons gebracht. Der blaue Himmel über dem Tal der Oos ist auch an trüben Tagen leichter vorstellbar. Das gehört zu den utopischen Qualitäten seines Bauens. Der illustre Platz wartete auf eine Welle, wie sie das Zusammenwirken von Richard Meier und Frieder Burda hervorruft. Sie hebt alle Boote, und von ihrem Kamm aus zeigen sich neue Horizonte.

Schon nebenan glänzt Hermann Billings Haus, die Kunsthalle. Die Nachbarschaft lässt beide Bauten wie zusammen komponiert erscheinen – im Abstand voneinander, in der so unterschiedlichen Körperlichkeit, in der Rücksichtnahme aufeinander, in der Außenhaut, kurzum im Habitus. Eines erklärt das andere, der Jugendstil das Bauhaus, der amerikanische Architekt den deutschen Vorgänger.

Ein Haus am Hang ist Hermann Billings Kunsthalle. Sie erschließt sich über die Freitreppe, die sich im Innern zum Parterre fortsetzt. Die Beletage mit ihren neun Ausstellungsräumen liegt darüber. Man steigt von unten über eine Schachttreppe in den großen Saal hinein. Auf ein und demselben Niveau erschließt sich im Rundgang die viel gepriesene Anordnung von Sälen und Kabinetten. Durchgänge, Raumhöhen, Sichtbezüge und das überall gegenwärtige Oberlicht bilden ein räumliches Ensemble, von dem der frühere Direktor des Basler Kunstmuseums, Franz Meyer, sagte, dass es eines der schönsten unter den Museen Deutschlands sei. In der Tradition von Gottfried Semper hat das Prinzip *Vier Wände und Oberlicht* noch immer den Beifall der Künstler gefunden, die hier ausgestellt haben.

Richard Meiers Haus nimmt von außen die Grundgedanken Hermann Billings auf und wiederholt sie in einer nahezu spiegelbildlichen Anordnung. Die Fassade entwickelt sich schwebend und höhengleich zur Kunsthalle und überspielt die Tatsache, dass der Eingangsbereich ein ganzes Stockwerk tiefer liegt. Sein Parterre öffnet sich zur Allee, und erst in der oberen Etage erreicht der Bau das Eingangsniveau der Kunsthalle.

Dem horizontalen Prinzip Billings antwortet Meier mit einer vertikalen Inszenierung seines Hauses. Von unten bis oben ist es mit einem Blick zu erfassen. Sechs Rampen erschließen in Lauf und Gegenlauf allmählich die räumliche Komposition. Ein Mezzanin vermittelt zur Brücke, die den Bau mit der Kunsthalle verbindet. Ist man hier angelangt, öffnet sich die weiße Villa nach allen Seiten: in den Park durch die Fenster, ebenso aber auch nach oben und nach unten in die Welt der Künste.

Im Innern entdeckt man den Raum im Raum oder die Bühne als Tisch unter der hohen Lichtdecke. Der kleine Maßstab und die begrenzten Flächen kommen ebenso zur Wirkung wie die zwei tragenden aufragenden Wände, in denen sich die Dimensionen des Baues mitteilen. Mezzanin, Tisch und Brücke sind die Ortsbezeichnungen für die innere Kommunikation.

Mit Richard Meiers Bau ist ein Klang- und Resonanzkörper entstanden, der ebenso einfach wie raffiniert die vielstimmigen Künste im Innern zum Schwingen bringt. Der reiche Aufbau eines geschmückten Orgelprospekts hatte einst die Aufführungspraxis zeitgenössischer Musik im Barock symbolisiert. Meiers Haus setzt dem vielstimmigen Instrumentarium der Bildwerke unserer Zeit einen vergleichbar heiteren Maßstab.

Künftig verbindet die gläserne Baden-Badener Brücke die Grundstücke Lichtentaler Allee 8a und 8b, die Kunsthalle Hermann Billings und den Neubau Richard Meiers. Zwei solitäre Gebäude, gewiss, und Nachbarn auf demselben Gelände. Die Schleife der Unendlichkeit, die sich in der Ziffer 8 zu erkennen gibt, wird hier wie dort durch das Energiefeld der Künste manifestiert. Neben dem schnellen Segler der Kunsthalle, der in noch ungesicherten Gewässern kreuzt, ist ein Frachtschiff mit der Sammlung Frieder Burda vor Anker gegangen, das im Innern den Vorrat und den Schatz der Erfahrung mit der Orientierung auf das Morgen beherbergt.

Als ich vor dreißig Jahren die Kunsthalle, meinen Arbeitsplatz, verließ, um das Städelmuseum in Frankfurt zu leiten, hielt die Marmorbüste der Kaiserin Augusta auf hohem Sockel den Platz besetzt, an dem heute Richard Meiers Neubau steht. Die Kaiserin hat ihm den Platz in der Allee frei gehalten. Auf ihrem neuen hervorgehobenen Standort macht sie darauf aufmerksam. So begegnen und ergänzen sich hier noch immer die Jahrhunderte, monarchische und bürgerliche Ansprüche im toleranten Nebeneinander, hier ein badischer Bauherr und sein Architekt, dort eine preußische Institution.

The Best Man hat ein Haus errichtet und wie ein Römer das Museum zur Villa gemacht. Es ist vorauszusehen, dass zu guter Letzt ein Gewächshaus besonderer Art entstanden ist, in dem die Kunst gedeiht und die Natur als Bild erscheint. Frieder Burda und Richard Meier haben sich über diese Doppelfunktion oft unterhalten, am Ende sollte es eine Symbiose sein, in der die Gegensätze nicht nur Platz haben, sondern sich auch gegenseitig herausfordern, ergänzen und verstehen.

Der Architekt bringt seine eigenen Bilder mit. Wir sehen sie überall dort, wo Glas den Ausblick auf die Lichtentaler Allee und ihre natürliche Komparserie eröffnet. Ein Schauspiel eigener Art ist das Zwiegespräch des Architekten mit der gestalteten Natur, und erst dann folgt der fulminante Auftritt der Sammlung Frieder Burda. Sie übernimmt im wahrsten Sinne des Wortes die Rolle der Hausherrin, sammelt Augen und Sinne und öffnet uns die Räume, die nicht in der Natur, auch nicht in der Architektur, sondern in der Kunst liegen, dem Lebenselixier, das uns – anders als die Natur, die sich selbst erhält – überleben lässt. Das private Museum erweist sich als Biotop, das seine eigenen Erscheinungsformen und Wachstumsgesetze hat: die Villa als ein Vivarium der Kunst. Auf diese vitale Verträglichkeit setzt der Sammler seine Hoffnung und Zuversicht, an einem Ort menschlicher Selbsterfahrung in ungewissen Zeiten.

Rampe vom Foyer

Foyer

Blick vom Erdgeschoss nach oben

Erdgeschoss, Großer Saal

Blick vom Obergeschoss auf die Rampe

Obergeschoss, Blick zur Rampe

WOLFGANG PEHNT

Dass Kunst möglich ist
Anmerkungen zum zeitgenössischen Museumsbau

Simon Louis Du Ry, Museum Fridericianum, Kassel

Kunst und Museumsbau, sollte man meinen, sind wie für einander geschaffen. Und so ist es ja auch. Seit die Institution des öffentlich zugänglichen Museums sich im 18. Jahrhundert formierte und eigene Häuser erhielt, lockte das Museum als Zielort der Kunst, als deren endgültige Bestimmung. Das Museum verhieß den Werken Ewigkeit, soweit sie auf Erden zu haben ist. Es gewährte Schutz vor den Wechselfällen privaten Eigentums oder vor den Gefahren, denen Kunst jenseits der ästhetischen Wahrnehmung ausgesetzt war, als Werkzeug, Kultgerät, Weihegabe. Vorbei war es mit dem Kerzenruß auf den Altartafeln, nun hing die Sixtinische Madonna gerettet in sicherem Gewahrsam. Was ins Museum gelangt, verlässt es in der Regel nicht mehr. Allenfalls wandert es ins Depot. Für jeden Museumsdirektor ist es ungleich leichter, ein neues Werk zu erwerben, als ein altes zu veräußern.

Die versprochene Dauer bedeutete zugleich Prestigegewinn für Kunst und Künstler. Ein Ankauf durch Pinakothek oder Nationalgalerie entschied über die künftige Künstlerkarriere. Die Künstler richteten sich darauf ein, indem sie ihre Erzeugnisse für die Museumsewigkeit fit machten. Stoffe und Inhalte wurden für ein größeres Publikum aufbereitet, die Formate der distanzierten Betrachtung entsprechend groß gewählt. In den sechziger Jahren gab es noch einmal einen Größensprung. Ob Kienholz oder Kiefer, die Bestimmung ihrer Bildwerke ist das Museum. Salon oder Wohnzimmer sind allein schon von den Maßen überfordert, von der optischen Ausstrahlung oder dem Gewicht der Mitteilung ganz zu schweigen.

Auf der anderen Seite lernten die Architekten, die Ansprüche der Kunst zu befriedigen. Die Verbindungsgänge in Feudalbauten, die Galerien, die als Galleria, Gallery oder Galerie ein Synonym für den Begriff Museum abgegeben hatten, reichten bald nicht mehr aus. Die Würde der Kunst erheischte entsprechende Würdeformen, die Freitreppe, den Säulenportikus, die Kuppelhalle, die Enfilade der Bildersäle. Für sie mussten die modernen Architekten, als sie dem historischen Formenapparat abgeschworen hatten, Alternativen finden: Interesse weckende Außenfronten, pyramidale oder kegelförmige

Annette Gigon / Mike Guyer, Kirchner Museum Davos, Installationsgeschoss

Robert Smirke, British Museum, London

Oberlichter, lichtdurchflutete Foyers, Rampen und Emporen. Auf der Suche nach den bestmöglichen Wahrnehmungsbedingungen und schonenden Umweltverhältnissen, die den Kunstwerken materielle Fortdauer sichern, wurden die Beleuchtungs- und Klimatisierungsanlagen zu wahren High-Tech-Stationen. Wer sich auf den Wartungsstegen der Technikgeschosse bewegt, sei es in Stephan Braunfels' Münchner Pinakothek der Moderne oder im Kirchner Museum in Davos von Gigon/Guyer, hat das Gefühl, sich unter den Aggregaten einer komplizierten Laboranlage aufzuhalten.

Die Leistungen der Künstler wie der Architekten mündeten in Gesamtkunstwerke. Sie sind nicht erst eine Entwicklung unserer Zeit. Auch die Bild- und Raumprogramme der bedeutenden Museumsarchitekten des 19. Jahrhunderts, von John Soane, Robert Smirke, Karl Friedrich Schinkel, Leo von Klenze oder Gottfried Semper, zielten auf Überhöhung und Sinngebung, die über die Botschaft des einzelnen Kunstwerks hinausgreifen. Das Museum stellte eine zeitliche und räumliche Ordnung her, in der die Hervorbringungen der Kunst enzyklopädisch dargeboten und in eine prästabilierte Harmo-

Hans Hollein, Vulkanmuseum Vulcania, Saint-Ours-les-Roches, Auvergne

Frank O. Gehry, Guggenheim Museum, Bilbao, Eingangshalle

nie der Kulturerscheinungen einbezogen wurden. Solche Ordnungsleistungen gewährten die befriedigende Gewissheit, einem sinnvollen Gang der Menschheitsgeschichte beizuwohnen. In der würdigen Darbietung der schönen, erhabenen, charakteristischen und pathetischen Kunstwerke konnte das Museum die Einsicht vermitteln, das Leid und das Chaos des Lebens, dem die Kunst abgewonnen war, habe sich letzten Endes doch gelohnt. Das Museum diente als eine Stätte für die Produktion von Sinn.

Wenn die ehrgeizigen zeitgenössischen Museumsbauten eines Hans Hollein, James Stirling, Frank O. Gehry oder Richard Meier abermals das große Instrumentarium der Raum- und Inszenierungskunst anwenden, gehen sie zwar auf gewandelte Wahrnehmungs- und Bewegungsgewohnheiten ein. Der Zeitgenosse mit seinem größeren Freizeitbudget will unterhalten, durch Abwechslung stimuliert, mit Informationen (aber nicht zu vielen) versehen werden. Der Besuch im Museum, das weder »Lernort« noch »Musentempel«[1] sein will, soll Eventcharakter haben. Gepflegte Bistro-Gastronomie statt des Getränkeautomaten neben den Waschräumen gehört dazu. Manche Institutionen, die »Day-out-Museen«, deren Krönung Meiers Getty-Kunstkapitale in Los Angeles darstellt, setzen auf die halb- oder ganztägige Anwesenheit ihrer Gäste. Die Kulmination der Künste in einem gemeinschaftlichen Gesamterlebnis, einem Überkunstwerk, ist auch ihr Ziel. Kunst und Baukunst sind zu diesem Endzweck verkoppelt.

Es gibt Anzeichen, dass diese Partnerschaft nicht überall und nicht immer von beiden beteiligten Partnern als selbstverständlich hingenommen wird. Ein Indiz auf der Seite der Architekten ist ihr merkwürdiger Wunsch, ihre Schöpfungen unbehelligt von Ausstellungsstücken vorzuführen, die doch die Existenz ihrer Häuser erst rechtfertigen. Die Vernissage des Bauwerks pur, bevor die Museumsleute ans Hängen und Aufstellen der Exponate gehen, hat sich inzwischen eingebürgert. In Berlin wurde der Rohbau von Daniel Libeskinds Jüdischem Museum monatelang einer stets wachsenden Besucherzahl vorgeführt. In der Tat hat sich die numinose Qualität, die Libeskind in diesem Bauwerk der gewollten Brüche und Leerstellen erreichte, völlig verflüchtigt, seitdem nachgebaute Laubhütten und künstliche Granatapfelbäumchen, Multimedia-Monitoren und so genannte Epochenbilder die Wege und Sackgassen des Bauwerks verstellen.

Architektur hat ihre eigenen Gesetze. Als zweckgebundene Veranstaltung steht sie im Dienst, als Baukunst will sie frei sein. Innerhalb der Bandbreite der Bauaufgaben stellt das Museum heute eine seltene Gelegenheit weitgehender Gestal-

Daniel Libeskind, Jüdisches Museum, Berlin

tungsfreiheit dar. Hier dürfen seine Architekten Licht inszenieren, dramatisch in den Foyerzonen, auf verträgliche Luxwerte herabgedimmt in den Schauräumen. Hier dürfen sie die Bewegung der Besucher choreografieren, eingedenk der Einsicht, dass ein Museumsbesuch nicht mehr die andächtige Erhebung im »Heiligthume der Kunst«[2] ist, sondern ein geselliges Ereignis, das auch Spaß machen darf. Hier dürfen sie ihrem Publikum zu Raumerfahrungen verhelfen, die ihnen anderswo die Projektsteuerer sofort aus dem Bauetat streichen würden. Solche selten gewordenen Reservate verteidigt man, und sei es gegen die Proteste der Künstler.

Axel Schultes,
Kunstmuseum
Bonn,
Treppenhalle

Denn ihrerseits unternahmen die Künstler Anstrengungen, sich aus der Umklammerung des Gemeinschaftswerks zu lösen. Dass Architektur, die »arrogante Disziplin«, versuche, »künstlerischer zu sein als die Kunst«, hat der Maler Markus Lüpertz schon vor Jahrzehnten beklagt.[3] »Es sollten nicht die geringsten visuellen Akzente neben den Werken vorhanden sein«, forderte Arnulf Rainer.[4] Andere begaben sich gar nicht erst in den Schutzraum des Museums. Konzeptkunst entzog sich der plastischen Sichtbarkeit und damit dem Museum, dem sie nur die körperlichen Spuren mentaler Vorgänge hinterließ. Land Art nahm Maße an, die das Museum sprengten. Happenings und Performances fanden außerhalb der musealen Bannmeile statt. Den Kuratoren blieben nur die Ablichtungen dessen, was anderswo spielte.

Architektur müsse »die Größe besitzen, sich so darzustellen, daß Kunst in ihr möglich ist, ohne daß sie durch eigenen Anspruch Kunst vertreibt,« war die Formel, die Lüpertz seinerseits anbot.[5] Das scheint ein Angebot, auf das Architekten sich einlassen können. Es besagt ja nicht, dass Architektur auf ihren eigenen Anspruch verzichten solle, sondern dass die Anforderungen der einen Gattung mit denen der anderen verträglich sein müssen. Schwerlich wird jemand verlangen, dass ein brillanter Baukünstler wie Richard Meier in Baden-Baden nicht mit seinen Mitteln Kriterien aufgreifen darf, die ihm, wie jedem guten Architekten, wichtig sind. Solche Qualitäten müssen nicht nur mit der angemessenen Darbietung der Kunst zu tun haben. Die Rücksichtnahme auf den Nachbarbau, Hermann Billings Kunsthalle, gehört dazu, die Öffnung zu Park und Ort, die Einbeziehung des Lichts, das über dieser glücklichen Landschaft liegt, die Herstellung eines sinnvollen Parcours durch das Haus in einem abgewogenen Maß von Außenorientierung und Binnenkonzentration, die Vexierspiele zwischen Drinnen und Draußen.

Hier wie anderswo läuft es auf einen Pakt hinaus, eine imaginäre Vertragsverhandlung zwischen den Anwälten der Kunst und denen der Architektur. Dass jede Partei zu ihrem Recht kommt, muss nicht Kompromiss heißen. Es kann auch Übereinstimmung in wesentlichen Fragen bedeuten, bei Widerstand im Einzelnen. Ganz wie bei Lebenspartnerschaften auch.

1 Das Museum – Lernort contra Musentempel, Tagung des Ulmer Verbandes für Kunst und Kulturwissenschaften 1975 in Frankfurt a. M., hrsg. von Ellen Spickernagel und Brigitte Walbe, Gießen 1976.
2 Gottfried Sempers Inschrift im Kuppelsaal der Dresdner Gemäldegalerie lautet »Willkommen im Heiligthume der Kunst«.
3 Markus Lüpertz, »Kunst und Architektur«, in: Neue Museumsbauten in der Bundesrepublik Deutschland, Ausst.-Kat. Deutsches Architekturmuseum, Frankfurt a. M. 1985, S. 30 ff.
4 Arnulf Rainer, »Werk und Rahmen«, in: Kunst im Bau, Ausst.-Kat. Kunst- und Ausstellungshalle der Bundesrepublik Deutschland, Bonn, Göttingen 1994, S. 112.
5 Markus Lüpertz, vgl. Anm. 3.

Foyer, Blick nach Süden

Erdgeschoss, Großer Saal mit Bildern von Sigmar Polke

Mezzaningeschoss mit Bildern von Gerhard Richter

Blick vom Mezzaningeschoss in die Lichtentaler Allee

Obergeschoss, Blick in das Kabinett

Obergeschoss mit Werken von Mark Rothko und Pablo Picasso

GERHARD EVERKE

Neuerungsbewusst und angepasst
Zum Museumsbau von Richard Meier

Miteinander kommunizieren heißt Brücken schlagen. Ein verglaster Steg ist das funktionale Verbindungsglied zwischen der altehrwürdigen, 1909 von Hermann Billing erbauten Staatlichen Kunsthalle Baden-Baden und dem jetzt eröffneten Museumsneubau von Richard Meier für die Kunstsammlung von Frieder Burda. Gut hundert Jahre sind die beiden Bauten auseinander. Neues steht hier selbstbewusst neben Altem und fordert auf zum direkten Vergleich. Unversehens beeindruckt das harmonische Zusammenspiel der unterschiedlichen Formgebung beider Gebäude, wobei dem sensiblen Auge nicht verborgen bleibt, dass Richard Meier als Urheber der neuen Konstellation äußerst einfühlsam zu gestalten versteht, indem er im Miteinander mit dem schon Vorhandenen Mut zu einer eigenwilligen Kontrastierung beweist. Es ist weniger bloße Neugier, die anlockt, um das gewagte Experiment in Augenschein zu nehmen, als vielmehr ein in den Bann ziehendes ästhetisches Erlebnis, das zum längeren Verweilen einlädt.

Als vor zwei Jahren Meiers Entwürfe im Rahmen ausgewählter Werke der modern ausgerichteten Sammlung Frieder Burda einer breiten Öffentlichkeit vorgestellt wurden, war die Resonanz ermutigend. Einige begeisterte Besucher vertraten vorlaut die Meinung, dass »aber auch das da« schön sei, wobei sie demonstrativ auf das in unserer Abbildung rechte Gebäude hinwiesen, auf den Billing-Bau, in dem sie sich befanden, dessen noble Fassade sie aber offenbar erst anhand der akkuraten Planzeichnung bewusst zur Kenntnis nahmen. Das so salopp dahergesagte »auch« grenzt nicht aus, sondern schließt ein und erweist sowohl dem einen als auch dem anderen Gebäude seine Reverenz.[1]

Bevor wir näher auf die beiden miteinander verbundenen und gegeneinander abgesetzten Gebäude und insbesondere auf den Neubau von Richard Meier eingehen, seien einführende Überlegungen zur Bauaufgabe vorausgeschickt sowie etwas zur örtlichen Gegebenheit gesagt, der sich Meier fügt; denn er steht nicht bloß neben Billing, sondern er befindet sich mit Weinbrenner und Hübsch in vornehmer Gesellschaft und dazu noch in einer Reihe.

I

Gebautes tritt umso elementarer zutage, wenn es von Natur umgeben ist. Schon in seinen frühen Arbeiten ist der Aspekt der Landschaft ein wesentlicher Bestandteil von Meiers Entwurfsgrundlagen. Seine rational vergeistigte Auffassung von moderner Architektur geht da in mancherlei Anknüpfungspunkten mit dem künstlerischen Selbstverständnis seines amerikanischen Landsmannes Frank Lloyd Wright einher, dessen so genannte »Prärie-Häuser« und nicht zuletzt sein berühmtes Privathaus »Über dem Wasserfall« von 1937 eine bewusste Symbiose mit der Natur eingehen. Für den Wohnbau bietet sich die gern zitierte »Transparenz« von Wandflächen an. Sie

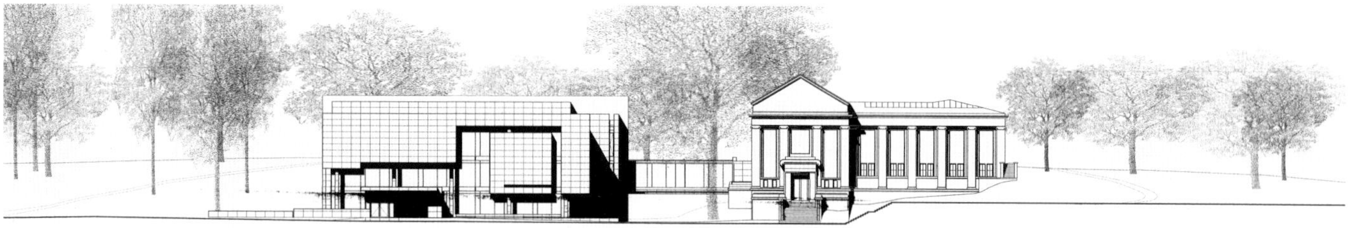

Richard Meier, Aufriss der Hauptfassade der Sammlung Frieder Burda mit Ansicht der Staatlichen Kunsthalle Baden-Baden, Entwurfszeichnung, 2002

gehört inzwischen zum Standard vornehmen Wohnens. Einem Museum ist diese Selbstverständlichkeit eher fremd. Erst in der jüngeren Vergangenheit hat sich auch da ein Wandel vollzogen, der gewissermaßen mit der Fondation Maeght im mediterranen St.-Paul-de-Vence vor vierzig Jahren seinen Anfang genommen hat. Nach unserer landläufigen Auffassung grenzt der Bereich des Privaten Öffentlichkeit aus. Als Ort häuslicher Geborgenheit verlangt er den Ausblick ins Freie, um der Umgebung habhaft zu werden. Ein Museum dient einem entschieden anderen Zweck: Seiner ureigenen Bestimmung gemäß, sich auf die Dingwelt der Kunst einzulassen, wendet es sich von der Natur ab. Die Reduktion des Baukörpers auf Wand ist dafür ein sprechendes Merkmal, so wie es uns Billing eindringlich vor Augen führt. Sein Bau setzt sich in der Kompaktheit seiner klassizistischen Formensprache nahezu ohne Fenster gegenüber dem Neubau von Meier ab. Dass aber auch für ihn die Natur Quell schöpferischen Tuns gewesen ist, soll deshalb nicht unausgesprochen bleiben. Tätig um 1900, suchte gerade er, der dem Jugendstil das Wort redete, der Baukunst in ihrer Beziehung zur Natur neue Ausdruckswerte zu erschließen. Während Billing sich hier in Baden-Baden angesichts der Preisgabe organischer Formen für eine schon neoklassizistisch zu nennende Tendenz entscheidet und sich so im Gegensatz zu seinem nur zwei Jahre zuvor vollendeten Bau für die Mannheimer Kunsthalle eher konservativer Entwurfsgrundlagen bedient, verfährt Meier auf der ganzen Linie neuerungsbewusst. Seinem Selbstverständnis ist er es schuldig, dem Park Rechnung zu tragen, der den exponierten Bauplatz an der Lichtentaler Allee für ihn frei gehalten hat. Selbst für einen Museumsbau war es hier geboten, ihn nicht außen vor zu lassen, sondern in die Planung einzubeziehen. Genau in diesem Punkt sprach er dem Bauherrn aus der Seele, dessen Wunsch es war, der Umgebung gegenüber angemessen zu bauen und den Park in das Gebäude einfließen zu lassen.

II

Baden-Baden ist Inbegriff von Natur und kultivierter Landschaft. Seiner reizvollen Lage im nördlichen Schwarzwald und vor allem seinem weltweiten Ruf als vornehmes Kurbad verdankt es seine Gesellschaftsfähigkeit. Vor 2000 Jahren bewiesen die alten Römer einmal mehr Kultur, indem sie sich auch hier der entspringenden Thermalquellen bemächtigten. Angetan von all dem, was sie an kulturellen Zeugnissen zurückließen, entdeckte man um 1800 die über Jahrhunderte in einen Dornröschenschlaf versunkene Idylle wieder, die mitsamt den antiken Ruinen und der mittelalterlichen Stadt im Rücken höchst romantisch anmuten musste.

Als es darum ging, den Badebetrieb wieder zu beleben,[2] fühlten sich zwei bedeutende Architekten in die Pflicht genommen: Friedrich Weinbrenner und Heinrich Hübsch. Mit wenigen Mitteln monumental und doch angemessen zu bauen, war ihre Maxime. Weinbrenner fiel als dem um eine Generation Älteren eine Vorreiterrolle zu. Sein Schüler Hübsch, der ihm als Baudirektor nachfolgen sollte, versuchte kraft seiner Position redlich, wenngleich mit nur mäßigem Erfolg, die bis zur Jahrhundertmitte gediehene badische Architektur von einer allmählich überhand nehmenden Einflussnahme französischer Rokokovorlieben rein zu halten. Dabei hat sich Baden-Baden durchaus zu einem Sammelbecken namhafter Architekten entwickelt. Unter weiteren Weinbrenner-Schülern sei stellvertretend Friedrich Eisenlohr genannt, der die lange in »tiefer katholischer Einsamkeit« (Clemens Brentano) dahin schlummernde Stadt durch den Bau einer evangelischen Kirche bereicherte. Leo von Klenze lieferte die Pläne zur Stourdza-Kapelle, Carl Dernfeld die zum Friedrichsbad. Josef Durm, bekannt durch lehrrreiche Bücher, baute das nicht mehr erhaltene Augustabad. Im Umkreis von Billing verdienen Max Laeuger und Alexander Stürzenacker erwähnt zu werden, der sich ab 1912 zu einer eigenwilligen Denkmalpflege von Weinbrenners Konversationshaus verpflichtet fühlte. Wilhelm Holzbauer aus Wien zeichnet für den Bau des vor wenigen Jahren eröffneten Festspielhauses verantwortlich. Wollte man gar Architekten privater Gebäude einbeziehen, ließe sich die Liste bis in unsere Zeit fortschreiben – über Egon Eiermann hinaus, dessen Name von dem eines Richard Meier nicht allzu weit entfernt ist.

Weinbrenner verhalf Baden-Baden zu einem neuen Selbstverständnis. Er drückte dem mittelalterlichen Residenzstädtchen den Stempel der Modernität auf. Modern bauen hieß, so widersprüchlich es klingt, im Sinne der Alten bauen. Der »International Style« um 1800 war der salonfähig gewordene Klassizismus. Er erwies sich auch auf dem Gebiet der Kurstädte allenthalben als angemessen und galt lange als die verbindliche Architektursprache schlechthin. Dass Baden-Baden überdies seinem römischen Erbe verpflichtet war, lag in der Natur der Sache. Im neuen Kurhaus sollte sich der neue Baustil artikulieren. Es ist zum Synonym und logischen Aushängeschild der Stadt geworden. Erbaut zwischen 1821 und 1824, gehört es zu Weinbrenners späten Werken, das alles andere, was er sonst noch in Baden-Baden gebaut hat, in den Schatten stellt. Selbst den Kirchen scheint es, gemessen an seinem Bekanntheitsgrad, den Rang abzulaufen. Ein Kurhaus im eigentlichen Sinne ist es nicht. Konzipiert als »Konversationshaus«, steht es in der Tra-

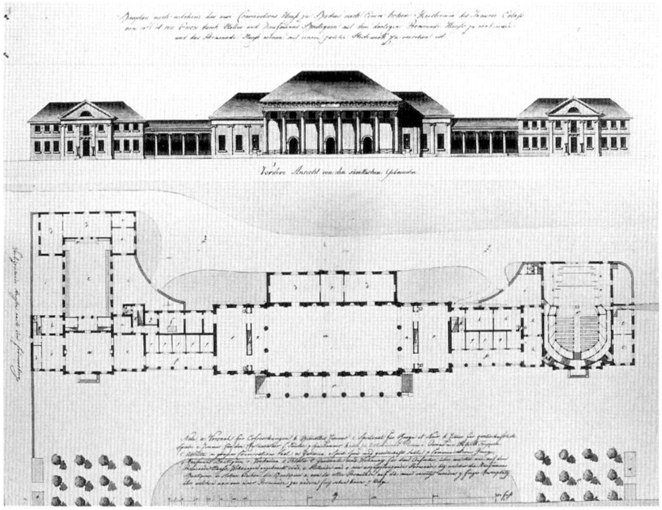

Friedrich Weinbrenner, Grund- und Aufriss des Konversationshauses, Entwurfszeichnung, 1821

dition englischer »Vauxhalls«. Als ein »Gebäude für öffentliche Lustbarkeiten« (Christoph Arnold) hatte es unterschiedlichen Funktionen Rechnung zu tragen, was sich aufgrund der ihnen zugedachten Gebäudeteile an der rhythmisch gestaffelten Fassade auch ablesen lässt. Das Herzstück der lang gestreckten Anlage ist der mittig angeordnete und am Außenbau durch acht kolossale Säulen nobilitierte »Gesellschaftssaal«. Hier wurde gespeist und »conversation« gepflegt, Billard gespielt und getanzt. Nach einer zeitgenössischen Lithografie zu urteilen, präsentierte sich das Innere als großzügige Sala corinthia, die einen festlichen Rahmen garantierte. Die beiden äußeren Gebäudeteile mit ihren palladianesken Stadthausfassaden enthielten zur Rechten ein kleines Theater und links das ehemalige »Promenadehaus«. Es war dies eins der typischen Tanzcafés der Zeit, das auf Geheiß des Großherzogs um jeden Preis erhalten bleiben sollte und so als integraler Bestandteil des Ganzen in die Planung einbezogen wurde. In ihrer Schlichtheit markant zutage tretende Säulengänge, hinter denen untergeordnete Räumlichkeiten versteckt lagen, bewährten sich als funktionale Verbindungselemente zwischen den jeweiligen Bereichen. Durch die wohl überlegte Gliederung des Ganzen ergab sich ein symmetrisches Gesamtbild, das angesichts seiner eurhythmischen Struktur der in einen Gebäudekomplex eingebundenen Evangelischen Stadtkirche zu Karlsruhe verpflichtet ist. Indem Weinbrenner die einzelnen Funktionsbereiche zueinander in Relation setzt und in angemessener Weise durch architektonische Elemente charakterisiert, entpuppt er sich hier wie dort als überzeugter Vitruvianer. »Dorisch, ionisch, korinthisch« lautet die verbindliche Regel. Durch sie erst erfuhr das in seiner Staffelung harmonisch ausgewogene Baden-Badener Kurhaus seine differenzierte Charakterisierung. Dem Entree als dem mit seinem Portikus hervorgehobenen Gebäudeteil ist die korinthische Säulenordnung als Ausdruck höchster Pracht vorbehalten, den beiden flankierenden Seitengebäuden genügt die ionische Pilasterstruktur, und den Gängen wird als kleine Ordnung die Dorica vollauf gerecht.

Einem so großen Mann wie Schinkel blieb der rationale Anspruch dieser Architektur merkwürdigerweise verschlossen. Als schlichtweg »ungeschickt« hat er sie abgetan. Im Grunde sprach er da den von den Bénazets – den Spielbankpächtern –

verpflichteten Pariser Architekten aus dem Herzen, die schon vor 1850 großen Einfluss auf das Baugeschehen in Baden-Baden ausübten und aus Weinbrenners Kurhaus erst einmal ein stattliches »Palais« machen wollten. Im Inneren haben sie wahrlich viel Unheil angerichtet, und auch das Äußere sollte durch spätere Umbauten Schaden nehmen. Keinem Geringeren als Heinrich Hübsch haben wir es zu danken, dass die Fassade in ihren Grundzügen erhalten blieb, wenngleich auch sie heute nicht mehr in all ihren Teilen original ist.

Die von Weinbrenner getroffene Vereinigung verschiedener Funktionsbereiche rief ein Bauwerk von beträchtlicher Länge auf den Plan. Jenseits der Oos gelegen, spart es zwischen der Stadt, der es seine Fassade zuwendet, eine große Fläche aus, die Weite suggeriert und die Großzügigkeit des Kurgartens unterstreicht, an dessen Gestaltung Weinbrenner ein gehöriges Wort mitzureden hatte, wie auch an der weiteren Umgebung, die unter Einbeziehung der Lichtentaler Allee in einen englischen Park verwandelt wurde. Entscheidend ist, dass sich die Lage des Kurhauses der Ausrichtung dieser berühmten Eichenallee fügt, die 1655 als Verbindung mit dem Kloster Lichtental auf markgräfliches Geheiß angelegt wurde und für alle Anlieger eine vornehme Adresse darstellt – so ja auch für die Sammlung Frieder Burda. Die Lichtentaler Allee ist der eigentliche Zufluchtsort der Erholung Suchenden und zugleich der Laufsteg des Flaneurs. Genau diesem Gedanken fühlte sich

Heinrich Hübsch, Trinkhalle Baden-Baden, Bleistiftzeichnung von August Blum, 1851

Heinrich Hübsch mit dem Bau seiner »Trinkhalle« verpflichtet. 1841 erbaut, präsentiert sie sich mit ihrer vorangestellten Loggia ebenfalls als Längsbau. Rechter Hand vom Kurhaus stehend nimmt sie Weinbrenners Richtung auf, ist aber aufgrund der Beschaffenheit des Geländes etwas weiter nach vorne gerückt. Gab die Wasserkur den Anstoß zum Bau einer »Trinkhalle«, so sollte sich ihr vorderer Teil in besonderem Maße als Wandelhalle allgemeiner Beliebtheit erfreuen, wobei sie den Gedanken der Lichtentaler Allee bewusst aufnimmt. Wer von der Schmalseite in das Gebäude eintritt, ist angetan von der polychromen Wärme, die der terrakottafarbene Stein unmittelbar auf das Gemüt ausübt. Großformatige Wandbilder sagenhaften Inhalts appellieren an ein gewisses Bildungsverständnis des Kurgastes. Romantisch ist die Ausdrucksweise, und den Romantikern wird Hübsch von der Forschung blindlings zugerechnet. Im

Prinzip ist seine Architektur hier in der Reihung von Säulen noch dem Klassizismus verbunden. Sie garantiert die altbewährte, bei Weinbrenner vorgegebene Monumentalität, wobei der restlos von grünem Bewuchs verdeckte Sockel die Wirkung in keinerlei Weise beeinträchtigt. Allein der zu Segmentbögen umgeformte Architrav mag einen eingefleischten Klassizisten befremden.

Hermann Billing, Staatliche Kunsthalle Baden-Baden

III

Während dem Kurpark im Nebeneinander von Kurhaus und Trinkhalle ein nobler Rahmen zuteil wird, ist es jenseits von den doppelreihig angeordneten Verkaufsboutiquen, die die Hauptpassage zwischen Park und Stadt bilden, das bauliche Ensemble der Museen von Billing und Meier, das nun einen adäquaten Gegenpol bildet. Zwei stattliche Gebäude hier und zwei dort ergeben eine symmetrische Gewichtung der örtlichen Gegebenheit, wobei wir das 1862 nach Plänen von Charles Derchy und Charles Couteau erbaute, aber nach Anweisungen von Hübsch auf eine noch vertretbare Gestaltung korrigierte Theater am Goetheplatz, dem eine Art Mittelstellung zufällt, höflich übergehen wollen.

Für sich gesehen, treten die beiden Museumsbauten von Billing und Meier keineswegs überdimensioniert in Erscheinung. Sie gewinnen eher in ihrer Zurückhaltung und Schlichtheit an Ansehen. Billings Bau hat weichere, nahezu feminine Züge, worauf nicht zuletzt der ionische Charakter seiner Pilasterstruktur einen für sich sprechenden Hinweis gibt. Die männliche Architektur an seiner Seite drückt sich in der Logik des Konstruktiven aus, in der vom rechten Winkel bestimmten Rationalität, die nicht eine einzige Rundung zulässt. Es ist ein schönes Paar von blendendem Charisma, das es versteht, mit Haltung in Erscheinung zu treten. Die Kunsthalle artikuliert sich im Bewusstsein der römischen Vergangenheit als Podiumstempel auf hohem Sockel, dessen gestaffelter Grundriss mit seinem polygonalen »Chor«-Schluss dem Schema vieler klassizistischer Kirchen der Weinbrenner-Zeit verbunden ist. Mit seinem asymmetrischen Seitentrakt fügt sich das Gebäude wie eine moderne Villa der natürlichen Hanglage des Grundstücks Die ungeachtet der gliedernden Pilaster durch profilierte Rahmenfelder sanft reliefierte Wandung tritt derartig gefällig in

Richard Meier, Sammlung Frieder Burda, Südostansicht, Modellfotografie, 2002

Erscheinung, dass der Verzicht auf Obergeschossfenster erst auffällt, wenn man sich der Funktion des Gebäudes vergewissert. Dass die Wände im Inneren als Ausstellungsflächen zu dienen haben, leuchtet ebenso ein wie der von der früheren Museumsarchitektur als zweckmäßig empfundene Kunstgriff, sie von oben her zu belichten.

Ein wesentliches Kriterium für die Qualität des Billing'schen Gebäudes ist die Wahl des Baumaterials. Heller Sandstein, der bis heute keinerlei Verwitterungsspuren aufweist und so gekonnt bearbeitet ist, dass man ihn immerzu wie eine Skulptur anfühlen möchte, bringt die Fassade im Schattenspiel ihrer Elemente zum Leuchten. Richard Meier nimmt diesen Gedanken auf. In der Wahl der Farbgebung hat er es leicht, sich anzupassen, da der für seine Bauten charakteristische weiße Farbton dem nach Ocker gebrochenen Sandstein der Kunsthalle nahe kommt. Im so genannten Meier-Weiß lackierte Metallplatten verleihen seinem Gebäude jenen feierlichen Grad an Würde, wie wir ihn von Le Corbusiers Bauten oder von denen der Bauhäusler und ihrer Gesinnungsgenossen her kennen. Meiers Rückbesinnung auf die Protagonisten des Neuen Bauens mag als postmodern eingeschätzt werden, doch ist sie im Prinzip aus einem viel ursprünglicheren Architekturverständnis erwachsen. Dass er, der Verfechter reiner Formen und der stillen Größe, die nicht nur seine Wohnhäuser auszeichnet, einer neuen Sachlichkeit ebenso neue Gestaltungsmöglichkeiten abgewann, ist spätestens 1969 deutlich geworden, als er sein Werk in Gemeinschaft mit den befreundeten Weggenossen Peter Eisenman, Charles Gwathmey, John Heiduk und Michael Graves in einer vielbeachteten Ausstellung präsentierte.[3] »The Whites« hat man die Gruppe der »New York Five« genannt, die zum Ausdruck brachte, mit wie wenigen Mitteln sich gut und schön bauen lässt. Bei aller Modernität schien man sich sogar Vitruv verbunden zu fühlen, für den ein Bauwerk als gelungen galt, wenn es seinem Zweck entspricht, stabil genug für die Zukunft gebaut ist und auch noch der Schönheit Rechnung trägt. Unterlag der künstlerische Aspekt des Schönen in der Antike spezifischen Parametern, so entfaltet er sich bei Richard Meier in den fein aufeinander abgestimmten Proportionen seiner Bauten, in der maßvollen Verschränkung von Raster und Goldenem Schnitt, letztlich in der kargen selbstgenügsamen Schlichtheit, deren weißer Grundton umso emp-

Andor Weininger, Haus Stijl Fantasia, farbig angelegte Zeichnung, 1922/1951

fänglicher ist für die natürlichen Reflexe einer bedachtsam einbezogenen Lichtführung. Am Grundsätzlichen dieser bewährten Gestaltungsmöglichkeiten festhaltend, ist sich Richard Meier bis heute treu geblieben, im Gegensatz zu seinen Weggefährten, die inzwischen waghalsigere Richtungen eingeschlagen haben. Unbeirrt sucht er Modernität an konservativen Erfahrungswerten zu messen. Und dennoch lässt ihm seine Beständigkeit genügend Spielraum für neue Ideen.

Seinem Museumsbau in Baden-Baden sieht man durchaus an, dass da ein streng denkender Baukünstler am Werke gewesen ist. Die erwähnten Metallplatten sind genau bemessen, 1,20 m auf 0,75 m im Rechteck, und selbst in ihrem Maß der Regel des Goldenen Schnitts verpflichtet. Die Akkuratesse, mit der sie zusammengesetzt sind, ist ebenso bestechend wie die sorgfältige Behandlung des Steins bei Billing. Viel Glas – im Entwurf und dem schönen Modell allerdings mehr als beim ausgeführten Bau – garantiert die erwähnte Transparenz. Der Eingang befindet sich an der gegen Osten ausgerichteten Hauptfassade, nicht mittig, sondern weit nach links gerückt. Er ist ebenso schlicht wie zweckmäßig, aber durch ein weit vorkragendes Flachdach besonders hervorgehoben, dessen Stirnseite als waagerechter Balken ein wichtiges Gliederungselement der Fassade darstellt. Alles hier ist gerade und geordnet im rhythmischen Wechsel von Horizontalen und Vertikalen. Piet Mondrian lässt grüßen, dessen von der Natur abstrahierte Bilder die holländische Architektur des Stijl inspiriert haben. Das von Meier kühn in die Fensterzone eingezeichnete große Quadrat hat durchaus bildnerischen Wert. Spätestens seit Kasimir Malewitsch hat es die Malerei im Sinne eines geläuterten Bildverständnisses revolutioniert. In der Architektur kommt ihm vornehmlich als Grundmaß für Rastereinheiten eine Schlüsselfunktion zu, doch darüber hinaus fehlt es in der Ära des Bauhauses nicht an Beispielen, die ihm einen fassadenwürdigen Stellenwert zuweisen, wie die fantasievolle Zeichnung von Andor Weininger aus den Jahren 1922/1951 belegt.[4] Die Wertschätzung abstrakter, insbesondere neoplastizistischer Malerei wird von Architekten gemeinhin geteilt. Auch

Meier bekundet Gefallen an ihr. Für ihn aber ist der Bildgegenstand keineswegs obsolet. Insofern ist es nur allzu verständlich, dass er Sympathie für den Kubismus empfindet, namentlich für die Bilder von Georges Braque.

Unschwer lässt die plastisch in Erscheinung tretende Fassade des Museums Frieder Burda erahnen, dass das elementar aus ihr hervortretende Viereck mit seinem markanten Einschnitt, der die Horizontale des Eingangsdaches aufnimmt und bar aller Symbolik an ein stilisiertes »e« erinnert, einen eigenständigen Raumbereich abgibt. So wie sich an der Modellfotografie dank der üppigen Verglasung die Gliederung des Bauwerks in drei Stockwerke ablesen lässt und so unserer Vorstellungskraft hinsichtlich der Funktionsebenen auf die Sprünge hilft, erweist sich der erwähnte Schlitz im Innern als ein effektvolles Lichtband wenige Zentimeter über Fußbodenhöhe. Die Transparenz des Gebäudes gewährleistet den Blick auf die von Le Corbusier übernommenen Rampen, die sämtliche Ausstellungsebenen erschließen. Als von außen sichtbare Schrägen verleihen sie dem ruhig dastehenden Bau einen leicht dynamischen Zug, der Lebendigkeit verheißt. Kraft ihrer Funktion gestalten sie das Gebäude zur begehbaren Plastik, die als Kunstwerk Erwartungen weckt.

Der Grundriss des Erdgeschosses (S. 64 f.), der zugleich über das Ausmaß des Grundstücks informiert, ist so organisiert, dass wir als Besucher des Museums zunächst in ein helles Foyer eintreten, in die so genannte Lobby. Vom »Empfang«, dem als zentraler Orientierungspunkt eine Art Drehscheibe zugedacht ist, gelangt man direkt in den großen, auf der Rückseite des Gebäudes gelegenen Ausstellungsraum, der mit seinen drei schlanken, von Auguste Perret entlehnten Betonsäulen einen imposanten Eindruck macht. »Tisch« wird er von den am Bau mitwirkenden Ingenieuren genannt, da die von den Säulen getragene Decke nicht bündig mit den Außenwänden in Verbindung steht, sondern Zwischenräume freilässt.[5] Das heißt, dass man sich im obersten Stock, wo die Anordnung der Räume beibehalten worden ist, sozusagen »auf dem Tisch« befindet. Um nach oben oder ins Souterrain zu gelangen, wo im Umkreis einer weiteren Ausstellungsfläche Büros und Magazine angeordnet sind, ferner ein heute unverzichtbarer Multimedia-Raum sowie Räumlichkeiten für die Technik und Garderoben, ist es dem Besucher überlassen, die in der Mitte des Gebäudes angeordnete Rampe oder den benachbarten Aufzug zu wählen, der wie ein zusätzliches hinter ihm liegendes Treppenhaus gut belichtet ist. Das Begehen der Rampe wird zum Erlebnis: Im gemächlichen Schreiten, beinahe so wie man die Treppen feudaler Schlösser zu begehen pflegt, lässt man sich Zeit, um die Architektur auf sich einwirken zu lassen. Sie will nicht nur in ihrer rationalen Struktur erkannt, sondern zugleich ästhetisch erlebt werden. Etwa in Höhe des Umkehrpodests zum oberen Stock, das einen Kulminationspunkt der

Sammlung Frieder Burda, Blick in die Galerie, Bauzustand Juni 2004

Sammlung Frieder Burda, Blick auf die Rampe, Bauzustand Juni 2004

Szenerie darstellt, möchte man verweilen, um zu sehen und gesehen zu werden. Oskar Schlemmers Bild der Bauhaustreppe ruft eine nicht allzu ferne Assoziation ins Gedächtnis. Dort ist es das Kommen und Gehen der Studierenden, das die Situation mit Leben erfüllt. Das 1932 von ihm zum Bildthema erhobene Treppenhaus ist Ort menschlicher Begegnung und über seine funktionale Bestimmung hinaus zugleich Blickfang einer neuerungsbewussten, durchaus repräsentativ aufgefassten Architektur. Auch Richard Meier bezieht den Menschen, respektive den Museumsbesucher, ein und bietet ihm ein Panorama an Aussichten. Der Blick fällt in den Park, in die Lobby und weiter nach unten ins untere Geschoss, wo die gläserne Fassade eine begrünte Terrasse einbezieht.

Ein Zwischengeschoss leitet über zur alten Kunsthalle von Billing. Wer indes von dorther die Sammlung Frieder Burda aufsucht, wird als Erstes den dreisäuligen Galeriesaal – den Tisch – erblicken, der geschossübergreifend das Mezzanin einbezieht. So wie die angestrebte Fluktuation von einem Bau zum anderen ungeahnte Perspektiven erschließt, bleibt man ganz von selbst an der zur Rampe hin weiterleitenden Brüstung stehen, um neugierig den Saal mit all seinen Bildern und seinem Publikum in Augenschein zu nehmen. Das uns seit der Klassischen Moderne in der Architekturgeschichte vertraute Dampfermotiv mit freiliegendem Deck und Halt gebender Reling nährt unsere Einbildungskraft. Entsprechend schlicht gehalten – und natürlich in Weiß – treten die Brüstungsgeländer häufiger in

Erscheinung, da die Standflächen hin und wieder als Freiflächen in den offenen Raum hineinragen, wie es für die Decks eines Schiffes charakteristisch ist. Mal sind es Lichtspalten, die zwischen Fläche und Wand ausgespart sind, um zugleich eine optimale Luftzirkulation zu gewährleisten, mal ergeben sich größere Öffnungen für die erwähnten Aussichten. Im Kleinen wie im Großen überzeugt das kompositorische Moment. Der keineswegs willkürliche, sondern mit viel Bedachtsamkeit erzeugte, weil letztlich technisch und konstruktiv begründete Eindruck schwebender Leichtigkeit wirkt erhebend und trägt wesentlich zur Ästhetik bei, deren Erlebnisfaktor den rationalen Anspruch dieser raffinierten Architektur außer Acht zu lassen scheint. Hinter dem beeindruckenden Raumerlebnis tritt nämlich das konsequent durchgeführte Rasterprinzip nahezu unauffällig zurück. Mögen Fenster und Öffnungen als Aussparungen von Wand und Fläche im Hinblick auf ihre gestalterischen Momente zu der erwünschten Transparenz verhelfen, so erweisen sie sich noch längst nicht als ausreichende, geschweige denn optimale Lichtquellen für die auszustellenden Kunstwerke. Allein mithilfe von künstlichem Licht, wie es im modernen Museumsbau mittlerweile gang und gäbe ist, lässt sich auch hier erst eine adäquate Beleuchtung gewährleisten. Nur durch eine regulierbare Beleuchtungstechnik vermögen die Exponate ins rechte Licht gerückt zu werden, wie es ja auch geboten sein muss, sie gegen eine schadhafte Strahlung zu schützen. Das gilt insbesondere für die beiden großen Galeriesäle, deren mächtige, haushohe Fensterwand nach Süden hin ausgerichtet ist. Hier tritt der Gegensatz von Innen und Außen besonders eklatant vor Augen, um mittels der Elektrizität aufgehoben zu werden. Wie bei der vor wenigen Jahren eröffneten Fondation Beyeler in Riehen bei Basel lassen sich die beiden Hauptsäle der Sammlung Frieder Burda als Schaufenster zum Park interpretieren, obwohl sie ihr gleichmäßig gestreutes Licht letztlich dem Kunstgriff zu verdanken haben. Wohl ebenso attraktiv wird der Blick von draußen sein, vor allem zu später Stunde, wenn das Museum lichtvoll in Erscheinung tritt. Dem Flaneur in der Lichtentaler Allee wird all das nicht entgehen. Angezogen von der magischen Wirkung des Hauses und seiner Kunst, wird er innehalten und einkehren.

Der fertige Bau wird gewiss alle Skeptiker überzeugen, dass da etwas ungemein Eigenes entstanden ist, das aus dem wechselvollen Widerspruch von Innen und Außen lebt. Wir wissen um die Problematik der Experimentierfreude, die Richard Meier gerade auf dem Gebiet der Museumsarchitektur ausreizt, und wir wissen auch, dass sie nicht immer ungeteilten Beifall gefunden hat. Während bei uns das 1985, also vor bald zwanzig Jahren, seiner Bestimmung übergebene Museum für Angewandte Kunst in Frankfurt am Main auf viel Gegenliebe stieß, erlangte das im direkten Anschluss daran von 1986 an geplante Stadthaus am Münsterplatz in Ulm Popularität aufgrund der medienwirksam ausgetragenen Proteste der Bevölkerung. Dabei nahm sich Richard Meier hier wie dort ebenfalls in die Pflicht, der Umgebung gegenüber rücksichtsvoll zu bauen. In Frankfurt wurde seine Absicht, eine erhaltenswerte Villa in die Planung einzubeziehen, geradezu als geschickte Lösung begrüßt. In Ulm musste alles Neue im Umfeld des Münsters vorerst als Provokation empfunden werden. Inzwischen hat sich auch dort der Sturm der Entrüstung gelegt, weil man durch das Resultat des 1993 fertig gestellten Bauwerks eines Besseren belehrt worden ist.

In seinem äußeren Gepräge mit all den merkwürdig in die Fassade eingeschnittenen Öffnungen besitzt auch das neue Museum für die Sammlung Frieder Burda einen unverwechselbaren Charakter. Es wirkt spektakulär und präsentiert sich ebenso neuerungsbewusst wie manches autonome Kunstwerk in seinem Inneren. Und doch nimmt es sich zurück wie so manches ansprechende Wohnhaus aus der ersten Schaffenszeit des Architekten. In nahezu badischer Bescheidenheit fügt es sich dem örtlichen Umfeld. Es passt sich an, wobei der lebensbejahende, mit dem benachbarten Gebäude von Hermann Billing harmonierende Farbklang der hellen Fassade sich verheißungsvoll auf den Besucher überträgt.

Wir werden Richard Meier danken müssen, dass er auch diesmal dem Aspekt der Natur so großes Gewicht beigemessen hat und in einer sehr persönlichen Auseinandersetzung mit der Tradition zu neuen, durchaus überzeugenden Ausdrucksformen gefunden hat. Im Einvernehmen mit einem so aufgeschlossenen Bauherrn wie Frieder Burda ist für dessen großartige Kunstsammlung ein Bauwerk entstanden, dem zu wünschen ist, dass ihm eine ebenso große Akzeptanz zuteil wird wie so vielen anderen Gebäuden, die regelrecht Wallfahrten initiiert haben. Warum also nicht auch nach Baden-Baden?

1 Vgl. Aufriss sowie Modellfotografie (S. 44) mit den entsprechenden Abbildungen in dem von Isabel Greschat herausgegebenen Ausstellungskatalog, der zudem eine weiterführende Bibliografie zum Werkverständnis Richard Meiers enthält: Der Neubau von Richard Meier, hrsg. von der Sammlung Frieder Burda, Baden-Baden, Ostfildern-Ruit 2002, S. 38 f. – Grundlegend für Billing sind die Arbeiten von Gerhard Kabierske: Der Architekt Hermann Billing (1867–1946). Leben und Werk, Karlsruhe 1996; »Das Gebäude der Kunsthalle Baden-Baden. Tempel oder Stall?«, in: Kunsthalle Baden-Baden. Ausstellungen, Inszenierungen, Installationen 1909–1986, Baden-Baden 1986, S. 9–19.

2 Für das Verständnis der baulichen Entwicklung von Baden-Baden grundlegend ist der konzise Beitrag von Monika Steinhauser, »Das europäische Modebad des 19. Jahrhunderts. Baden-Baden – Eine Residenz des Glücks«, in: Die deutsche Stadt im 19. Jahrhundert. Stadtplanung und Baugestaltung im industriellen Zeitalter, hrsg. von Ludwig Grote, München 1974, S. 95–128.

3 Falk Jaeger, »Richard Meier: Architekt der zeitlosen Moderne«, in: Greschat 2002 (vgl. Anm. 1), S. 27.

4 Bauhaus Weimar. Entwürfe für die Zukunft, hrsg. von Michael Siebenbrodt, Ostfildern-Ruit 2000, S. 48.

5 Herrn Dipl. Ing. Andreas Lumpp vom assoziierten Architekturbüro Peter Kruse sei für die informative Begehung der Baustelle gedankt.

Blick aus dem Foyer in die Lichtentaler Allee

Blick aus dem Foyer in die Lichtentaler Allee

Mezzaningeschoss, Blick nach Nordosten

Mezzaningeschoss mit Gerhard Richter, Kerze

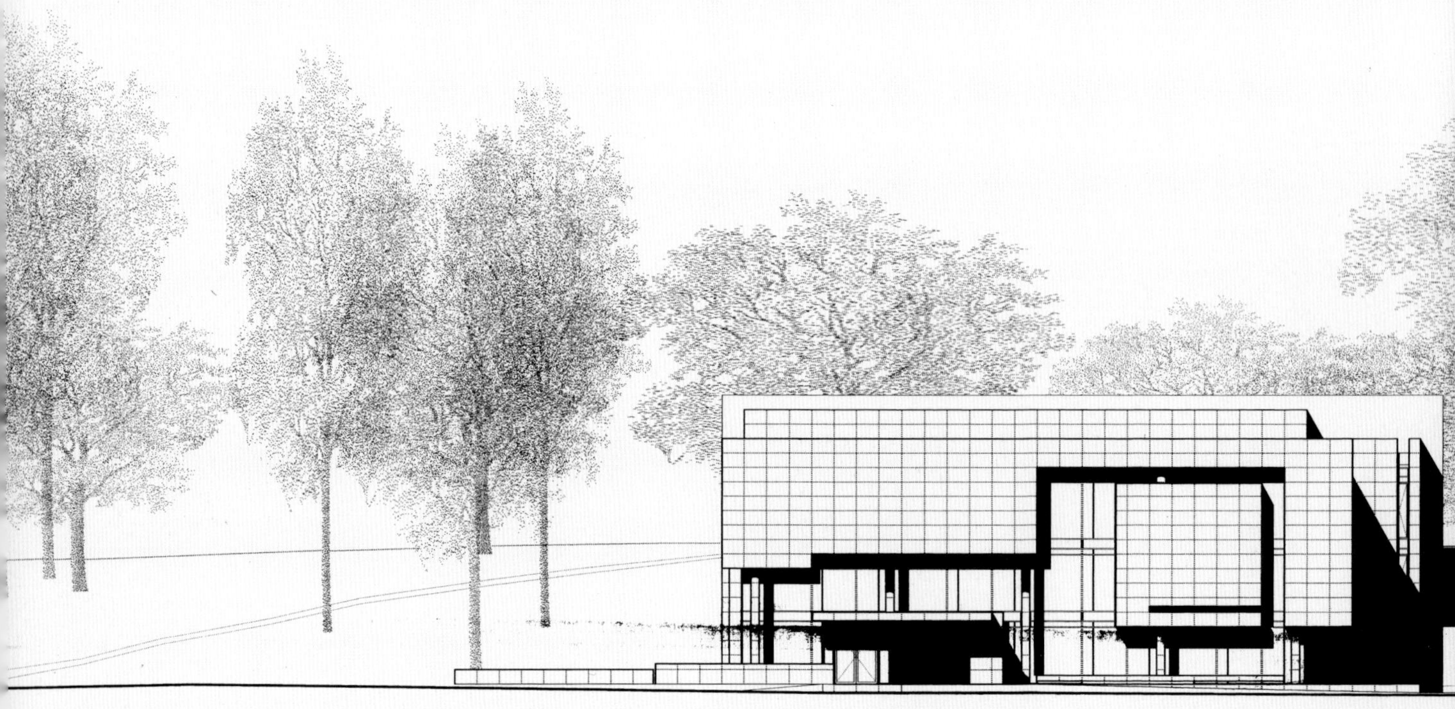

Der Bau – Pläne und Ansichten

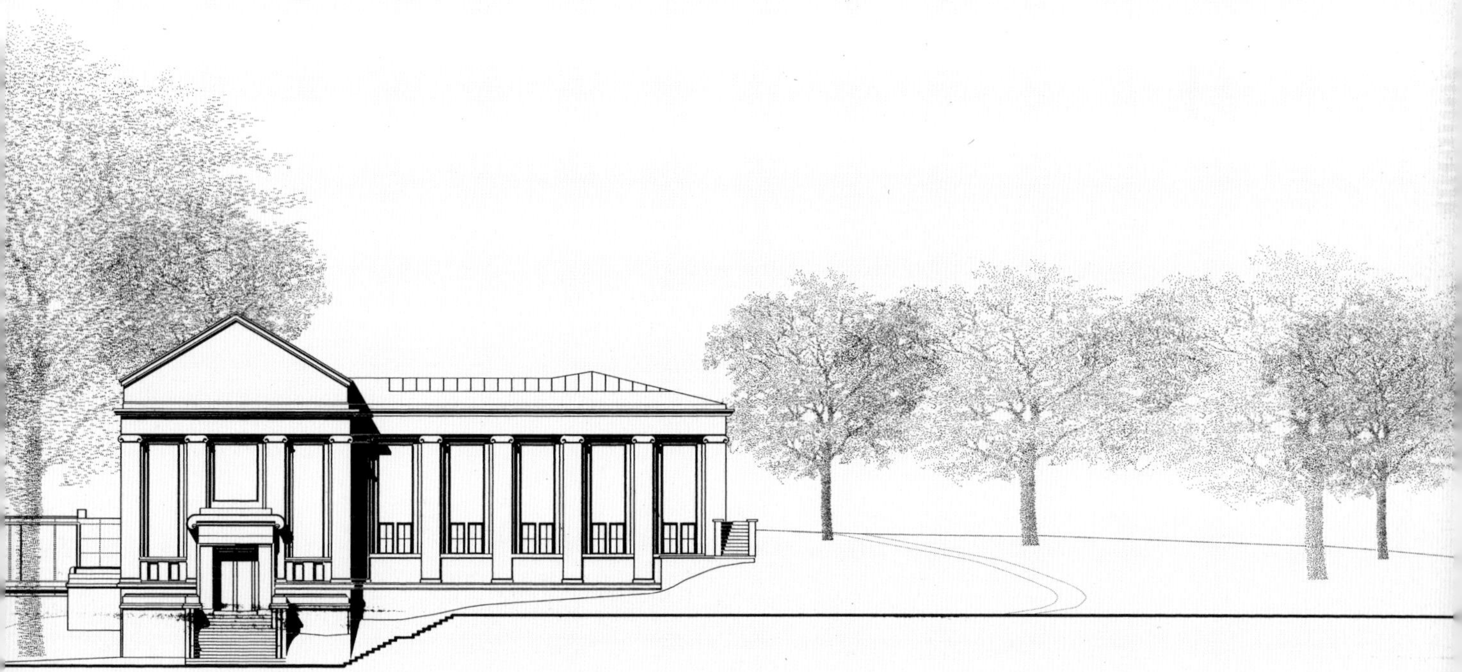

Lageplan

1 Sammlung Frieder Burda

2 Staatliche Kunsthalle Baden-Baden

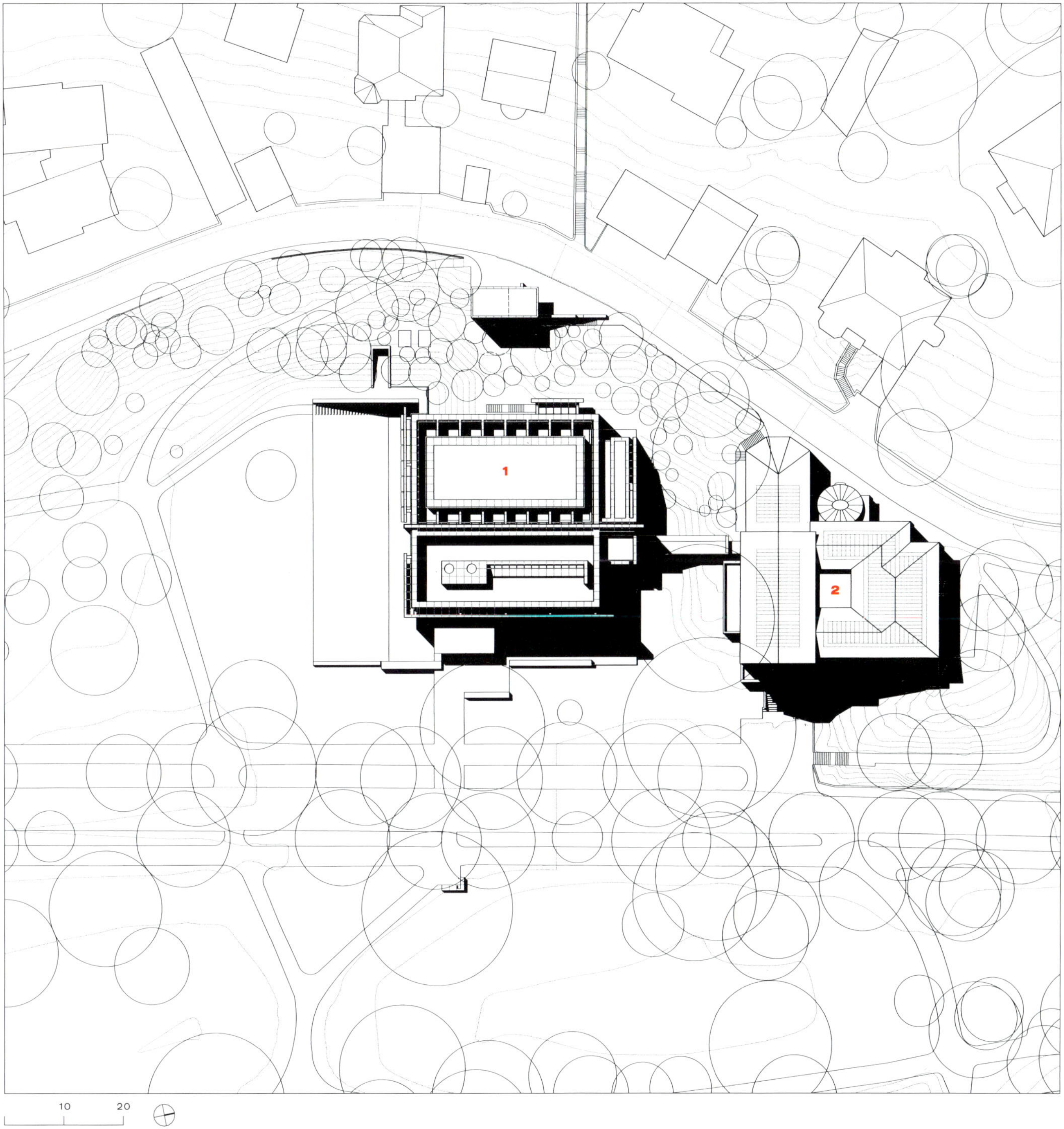
1
2
10
20

10 20

Ansicht Ostfassade

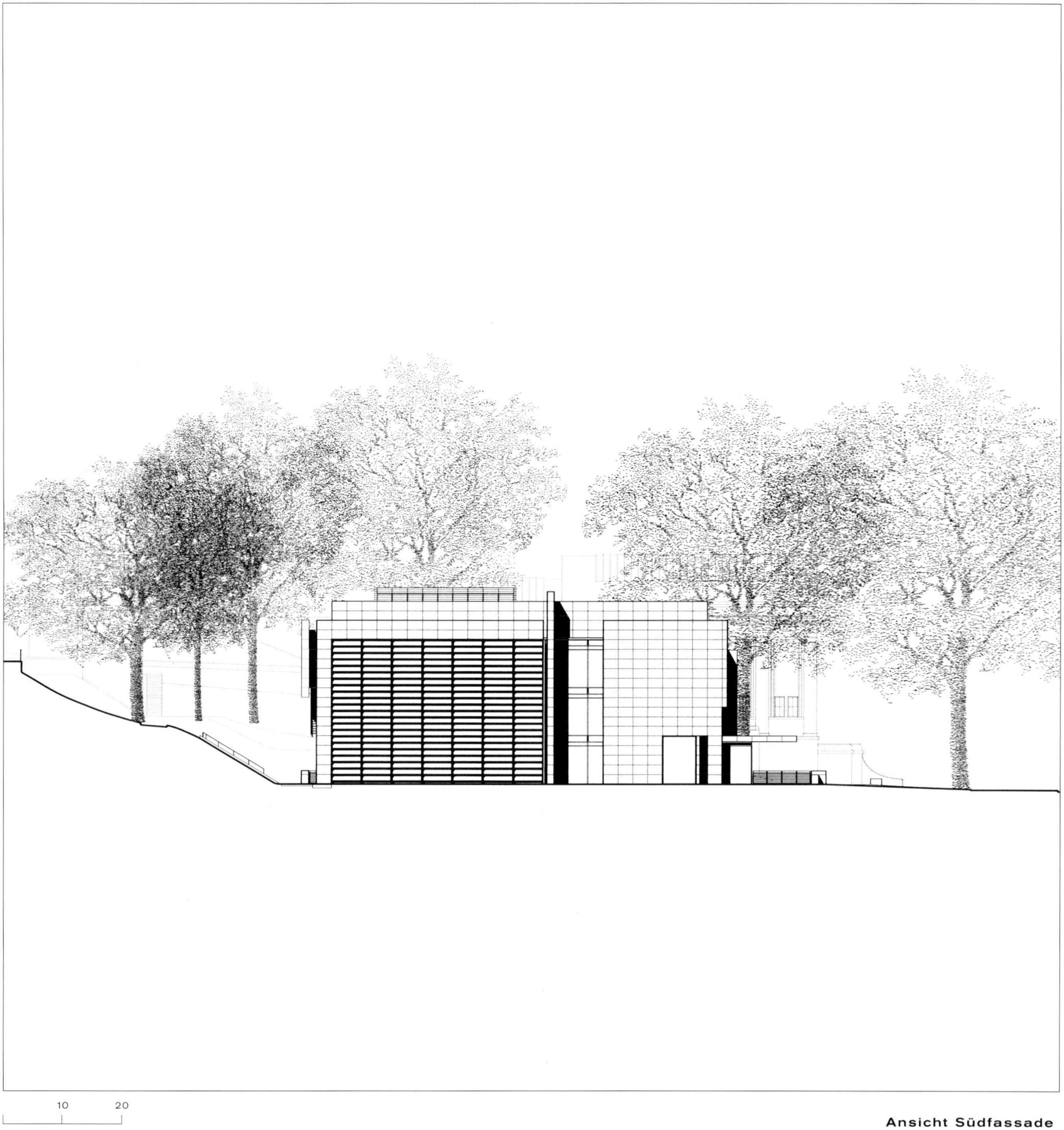

Ansicht Südfassade

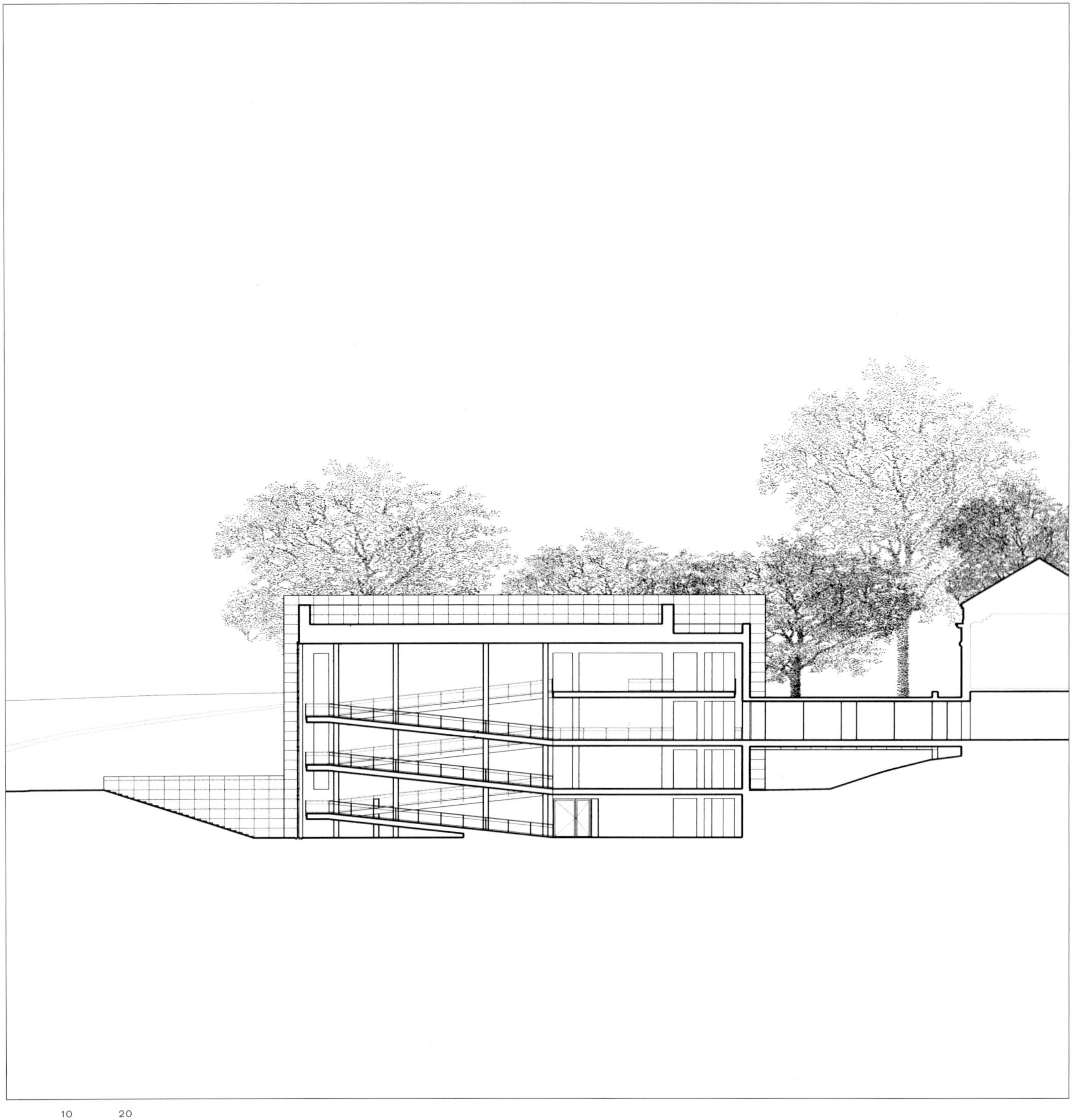

Schnitt durch Rampe

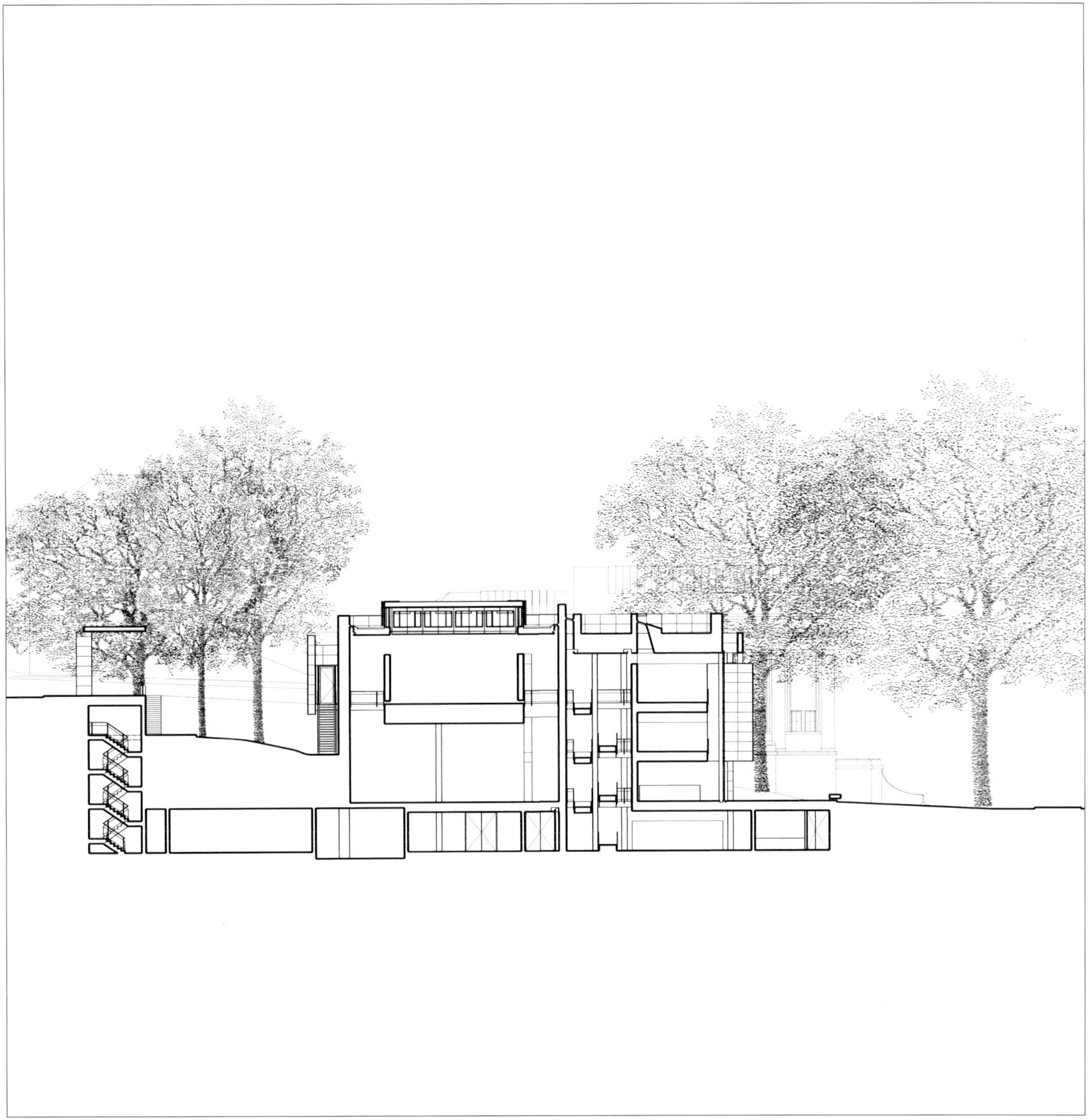

10 20

Schnitt durch Galerie

Grundriss Untergeschoss

1 Multimediaraum

2 Garderobe

3 Ausstellung

4 Rampe

5 Bürozone

6 Kunstlager

7 Technik

8 Lager

9 Elektro

9
8
7
5
6
4
3
2
1
10
20

Grundriss Erdgeschoss

1 Eingang

2 Empfang

3 Lobby

4 Luftraum

5 Rampe

6 Ausstellung

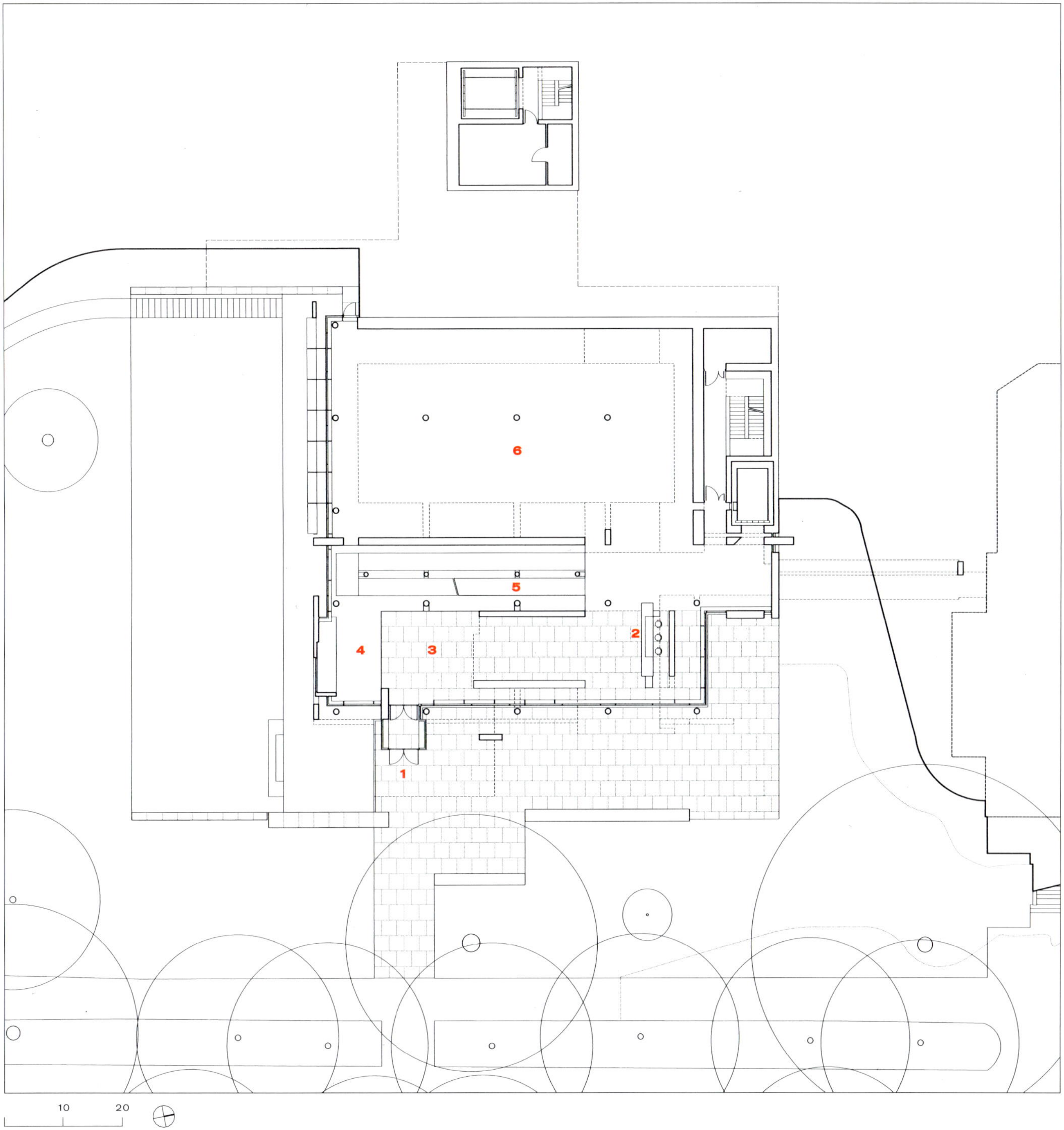
6
5
4
3
2
1
10
20

Grundriss
Mezzaningeschoss

1 Luftraum

2 Ausstellung

3 Rampe

4 Übergang zur Kunsthalle

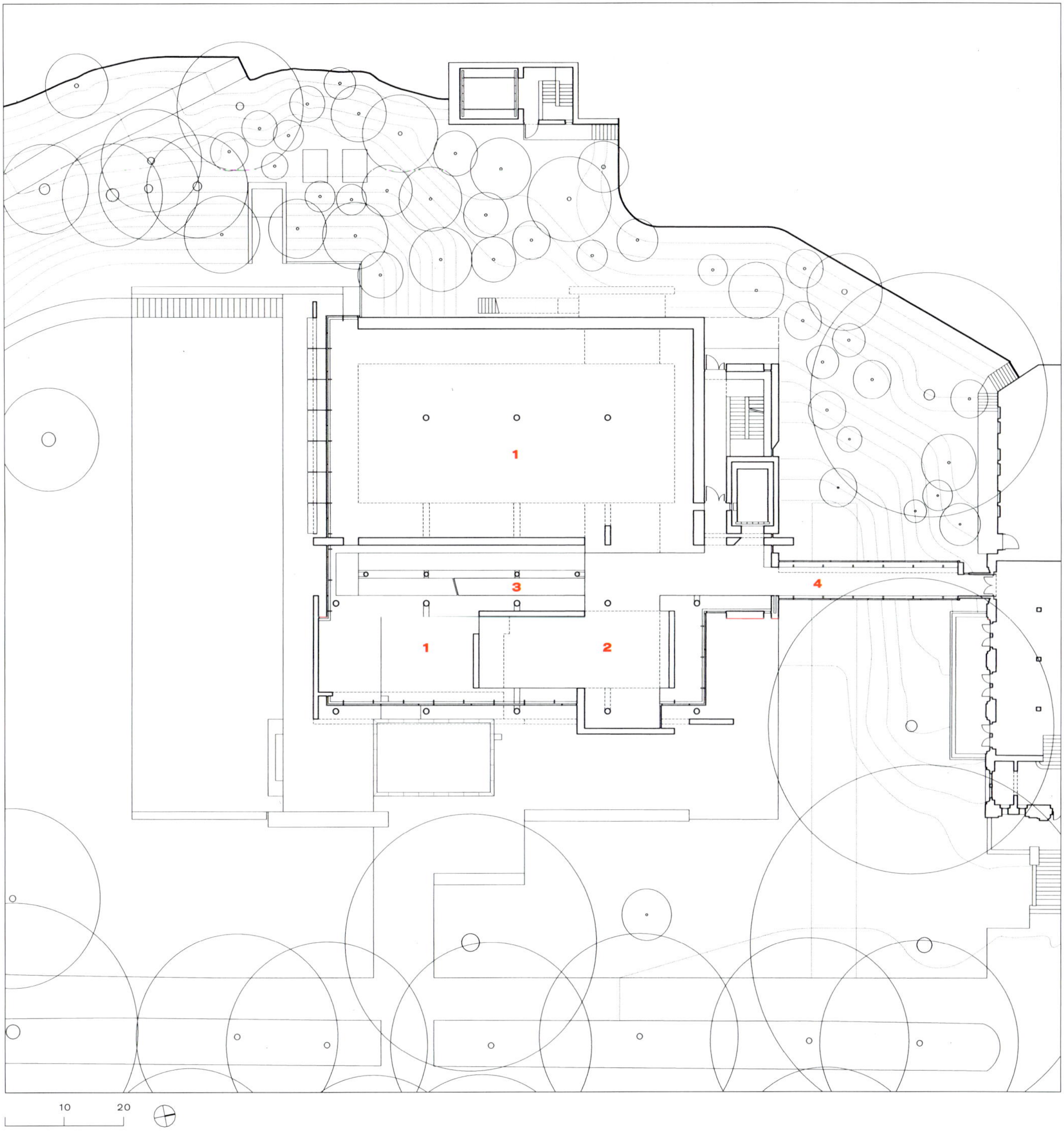
1
3
4
1
2
10
20

Grundriss Obergeschoss

1 Ausstellung

2 Rampe

3 Luftraum

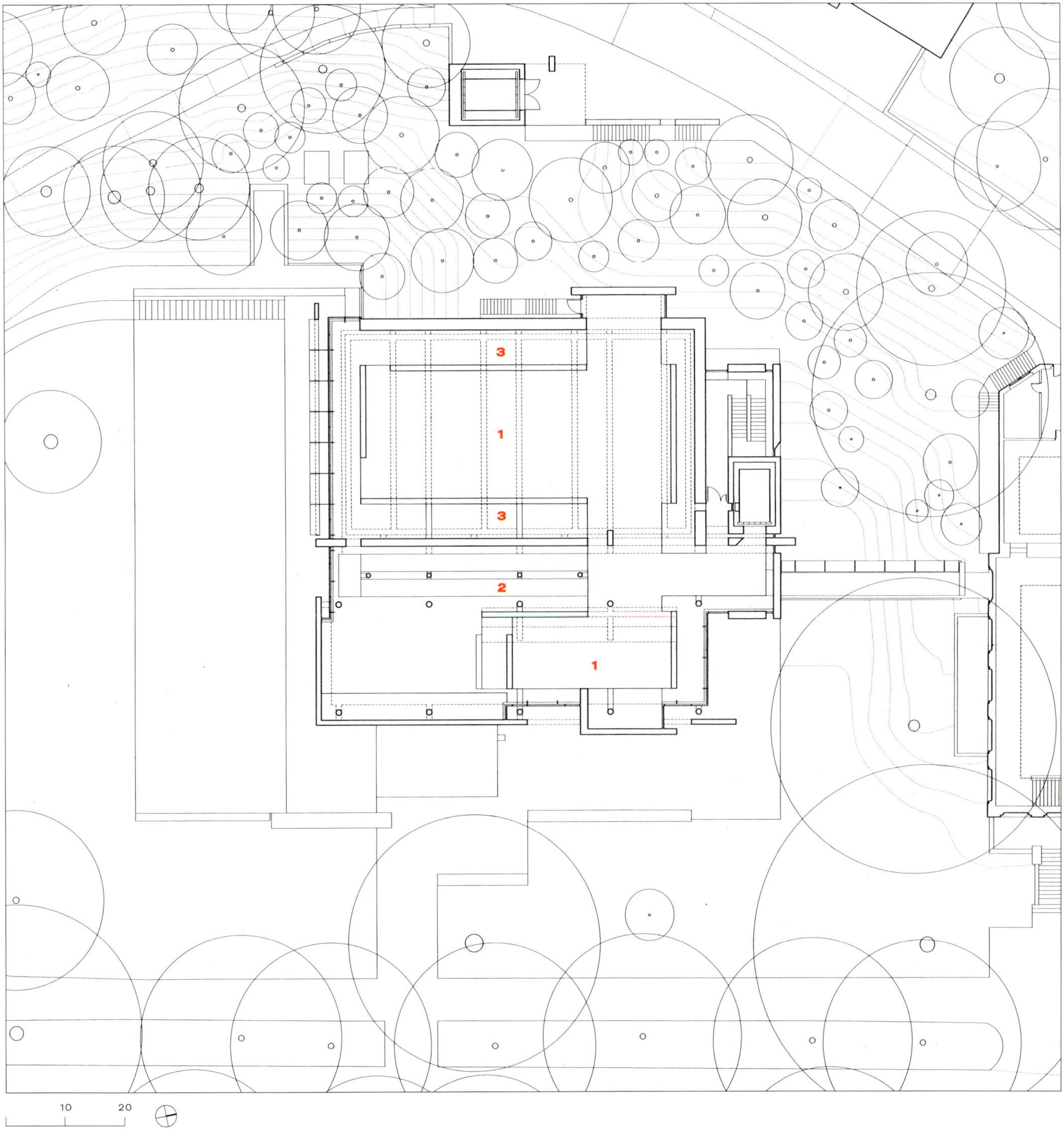
3
1
3
2
1
10
20

Ostfassade

Blick auf die Nordseite mit dem Spiegelbild der Kunsthalle

Blick von Süden auf den Eingangsbereich und das Untergeschoss

Ansicht von Nordosten

Technische Daten

Projektdaten

Grundstücksfläche	3642 m^2
Bebaute Grundstücksfläche davon oberirdisch	2220 m^2 1140 m^2
Bruttogrundrissfläche	4103 m^2
Bruttorauminhalt	23300 m^3
Ausstellungsflächen	1040 m^2

Zeittafel

Beauftragung des Architekturbüros Richard Meier & Partners	3. Juli 2001
Planungsphase	2001–2002
Einreichung des Bauantrags	27. April 2002
Baugenehmigung	1. Juli 2002
Erster Spatenstich	26. September 2002
Richtfest	10. Oktober 2003
Fertigstellung	September 2004
Eröffnung	22. Oktober 2004

Planungsbeteiligte

Bauherr	Stiftung Frieder Burda
Architekt	Richard Meier & Partners
Beauftragter Architekt Design Partner Projektarchitekt Mitarbeit	Richard Meier Bernhard Karpf Stefan Scheiber David Robins
Örtliche Bauleitung Beauftragter Architekt Projektarchitekt/Bauleitung	Peter W. Kruse GmbH, Baden-Baden Peter W. Kruse, Freier Architekt Andreas Lumpp
Projektmanagement	Heinz Lehmann, Ingenieurbüro für Bauwesen, Offenburg
Tragwerksplanung	Schumer + Kienzle, Karlsruhe
Geotechnik	Geyer-Hettler-Joswig, Karlsruhe
Haustechnik	Schneider, Ebinger, Früh Ingenieurgesellschaft, Karlsruhe
Sicherheitstechnik	Frewa, Ortenberg
Elektrotechnik	b.i.g. Bechtold Ingenieurgesellschaft, Karlsruhe
Fassadentechnik	Lothar Rudolph, München
Lichttechnik	Zumtobel Staff, Stuttgart
Vermessung	Michael Ortmann, Bühl
Akustik	Müller BBM GmbH, Planegg bei München

Chronologie des Baufortschritts

26. September 2002

30. September 2002

12. Dezember 2002

24. Oktober 2002

12. Dezember 2002

30. Januar 2003

20. Februar 2003

5. März 2003

19. März 2003

16. Mai 2003

27. März 2003

23. Mai 2003

14. Juni 2003

3. Juli 2003

28. Juni 2003

4. August 2003

27. August 2003

3. September 2003

10. Oktober 2003

10. Oktober 2003

22. Oktober 2003

27. Oktober 2003

7. November 2003

7. November 2003

10. November 2003

10. November 2003

1. Dezember 2003

20. Dezember 2003

2. Januar 2004

23. Januar 2004

23. Januar 2004

12. Februar 2004

16. März 2004

2. April 2004

16. April 2004

30. Juni 2004

2. April 2004

Richard Meier – Biografische Angaben

Richard Meier, geboren 1934 in Newark, New Jersey, studierte an der Cornell University in Ithaka, New York, Architektur. 1963 machte er sich mit einem eigenen Büro in New York selbstständig. In den folgenden Jahren und Jahrzehnten realisierte er in den Vereinigten Staaten und in Europa bedeutende öffentliche Bauprojekte – Gerichtsgebäude und Stadthallen, Museen und Firmensitze –, aber auch Privathäuser und Wohnungsgebäude.

Zu seinen bekanntesten Projekten zählen das Getty Center in Los Angeles, das Museum für Angewandte Kunst Frankfurt, die Zentrale von Canal Plus Télévision in Paris und das Museum für zeitgenössische Kunst in Barcelona.

1984 wurde Richard Meier mit dem Pritzker Preis für Architektur ausgezeichnet, der als höchste Würdigung auf diesem Gebiet gilt. Im gleichen Jahr erhielt er den ehrenvollen Auftrag, das neue Getty Center in Los Angeles zu entwerfen, das im Dezember 1997 eröffnete. Unter den jüngsten von Richard Meier & Partners fertig gestellten Projekten befinden sich die Condominium Towers in New York, die Bundesgerichtsgebäude der Vereinigten Staaten in Islip, New York, und in Phoenix, Arizona, und die Jubiläumskirche in Rom. Zurzeit baut das Büro Richard Meiers das UCLA Kunstzentrum in Los Angeles, das Ara Pacis Museum in Rom und das Cornell Zentrum für Biowissenschaften und Biotechnologie in Ithaca, New York.

1997 erhielt Richard Meier die AIA Goldmedaille, die höchste Auszeichnung des American Institute of Architects, und im selben Jahr den Praemium Imperiale des Japanischen Staates als Anerkennung für sein künstlerisches Lebenswerk. Zahlreiche weitere Ehrungen gingen voraus. So wurde er 1989 mit der Goldmedaille des Royal Institute of British Architects ausgezeichnet, und 1992 wurde ihm von der französischen Regierung der Titel eines Kommandeurs der Wissenschaften und Künste verliehen. Die Universität von Neapel, das Institute of Technology New Jersey, die New School for Social Research, New York, das Pratt Institute und die Universität von Bukarest verliehen Richard Meier die Ehrendoktorwürde.

Richard Meier & Partners – Realisierte Bauten 1965–2004 (Auswahl)

Einfamilienhaus Smith
Darien, Connecticut
1965–1967

Einfamilienhaus
Hoffman
East Hampton, New York
1966/67

Einfamilienhaus
Saltzman
East Hampton, New York
1967–1969

Westbeth Artists' Housing
Ateliergebäude
New York City
1967–1970

Einfamilienhaus
Old Westbury, New York
1969–1971

Einfamilienhaus
Pound Ridge, New York
1969–1971

Einfamilienhaus
Douglas
Harbor Springs, Michigan
1971–1973

Einfamilienhaus
Maidman
Sands Point, New York
1971–1976

Einfamilienhaus
Shamberg
Chappaqua, New York
1972–1974

The Atheneum
Kulturzentrum
New Harmony, Indiana
1975–1979

Hartford Seminar
Hartford, Connecticut
1978–1981

Einfamilienhaus
Giovanitti
Pittsburg, Pennsylvania
1979–1983

Museum für Angewandte Kunst Frankfurt
1979–1985

High Museum of Art
Kunstmuseum
Atlanta, Georgia
1983

Firmenhauptsitz
Siemens AG
München
1983

Einfamilienhaus
Ackerberg
Malibu, Kalifornien
1984–1986

Einfamilienhaus
Westchester County, New York
1984–1986

The Getty Center
Museum und Forschungsinstitut
Los Angeles, Kalifornien
1984–1997

Stadthaus
Ulm
1986–1993

Stadthalle und
Stadtbibliothek
Den Haag
1986–1995

Museum für zeitgenössische Kunst
Barcelona
1987–1995

Firmenhauptsitz
Canal+ Télévision
Paris
1988–1992

Firmenhauptsitz Royal Dutch Paper Mills
Hilversum
1988–1992

Einfamilienhaus Grotta
Harding Township, New Jersey
1989

Bürogebäude Bridgeport Center
Bridgeport, Connecticut
1989

Weishaupt Forum
Schwendi
1989–1993

Bankgebäude Hypolux
Kirchberg
1989–1993

Firmenhauptsitz Nordamerika Swissair
Melville, New York
1991–1995

Einfamilienhaus
Rachofsky
Dallas, Texas
1991–1996

Einfamilienhaus
Kuala Lumpur
1992–2002

Federal Building and United States Courthouse
Bundesgerichtsgebäude
Islip, New York
1993–2000

Museum für Radio und Fernsehen
Beverly Hills, Kalifornien
1994–1996

Sandra Day O'Connor United States Courthouse
Bundesgerichtsgebäude
Phoenix, Arizona
1994–2000

Gagosian Gallery
Beverly Hills, Kalifornien
1995

Einfamilienhaus
Neugebauer
Naples, Florida
1995–1998

Ara Pacis Museum
Rom
1995–2004

Jubiläumskirche
Rom
1996–2000

Hauptsitz der Reederei
B. Rickmers
Hamburg
1998–2001

Kaufhaus Peek & Cloppenburg
Düsseldorf
1998–2001

Firmenhauptsitz Canon
Tokio
1998–2002

Einfamilienhaus
Southern California
Beach House
Südkalifornien
1998–2002

Crystal Cathedral
Gäste- und Besucher-
zentrum
Garden Grove, Kalifornien
1998–2003

Condominium Towers
Appartementgebäude
New York City
1999–2002

Swartz Residenz
Laguna Beach, Kalifornien
Seit 1999

Bürokomplex
Pankrac City
Prag
Seit 2000

UCLA Broad Art Center
Los Angeles, Kalifornien
Seit 2000

Einfamilienhaus
Santa Ynez, Kalifornien
Seit 2000

Bibliothek für Kunst
und Kunstgeschichte
Yale University
New Haven, Connecticut
Seit 2001

Seminar für Biowissen-
schaften und Biotech-
nologie
Cornell University
Ithaca, New York
Seit 2001

Kaufhaus Peek &
Cloppenburg
Mannheim
Seit 2001

Bürogebäude
Feldmühleplatz
Düsseldorf
Seit 2002

Richard Meier – Bibliografie 1972–2004 (Auswahl)

Five Architects: Eisenman, Graves, Gwathmey, Hejduk, Meier, mit einer Einführung von Kenneth Frampton und Colin Rowe, New York 1972, S. 11–13, 111–134; Neuauflage: New York 1975

Richard Meier Architect: Buildings and Projects 1966–1976, mit einer Einführung von Kenneth Frampton und einem Nachwort von John Hejduk, New York 1976

Richard Meier, mit einer Einführung von Kenneth Frampton und den Texten »Le ›allusioni‹ di Richard Meier« von Francesco Dal Co und »La ›memoria‹ del Movimento moderno nell'opera di Richard Meier« von Gianni Pettena, Venedig 1981

Gudmund Vigtel, Richard Meier und Anthony Ames (Hrsg.), *High Museum of Art – The New Building: A Chronicle of Planning, Design and Construction,* Atlanta 1983

Richard Meier Architect, mit einem Vorwort von Richard Meier, einer Einführung von Joseph Rykwert und einem Nachwort von John Hejduk, New York 1984

Valerie Vaudou (Hrsg.), *Richard Meier: Pour la modernité,* mit einem Vorwort von Richard Meier und den Texten »La modernité comme seuil« von Hubert Damisch, »Radieuse modernité« von Henri Ciriani, »Sur Richard Meier« von Diane Lewis und »La capture du regard« von Jean Mas, Paris 1986

Werner Blaser, *Richard Meier: Bauen für die Kunst,* Basel 1990

Lois E. Nesbitt, *Richard Meier: Collages,* mit einem Interview mit Richard Meier von Clare Farrow, New York 1990

The Getty Center Design Process, mit einer Einführung von Harold Williams und den Texten »The Architect Selection and Design« von Bill Lacy, »The Architectural Program« von Stephen D. Rountree und »The Design Process« von Richard Meier, Los Angeles 1991

Ferruccio Izzo und Alessandro Gubitosi, *Richard Meier Architetture – Progetti 1986–1990,* mit Texten von Vittorio Magnago Lampugnani, Alberto Izzo, Camillo Subitosi und Ferruccio Izzo, Ausst.-Kat. Palazzo Reale, Neapel; Centro Di, Florenz, 1991

Richard Meier Architect 2, mit einem Vorwort von Richard Meier und den Texten »Works in Transition« von Kenneth Frampton, »The Second Installment« von Joseph Rykwert und einem Nachwort von Frank Stella, New York 1991

Michael Brawne, *Architecture in Detail: Museum für Kunsthandwerk,* London 1992

Five Architects/Twenty Years Later, mit einer Einführung von Steven W. Hurtt und den Texten »The Five After Twenty-Five: An Assessment« von Kenneth Frampton und »Recollections« von Ralph Bennett, College Park 1992

Stephan Barthelmess, *Richard Meier, Collagen,* mit dem Text »Die Collage im Quadrat: Kunst parallel zur Architektur« von Stephan Barthelmess, Niederstotzingen 1993

Werner Blaser, *Weishaupt Forum – Richard Meier,* mit einer Einführung von Richard Meier und Texten von Claudia Rudeck, Schwendi 1993

Jürgen Braun, »Form, Proportion, Licht und Maßstab – Richard Meier in Stuttgart vor großem Publikum», in: *Deutsches Architektenblatt,* Januar 1993, S. 50–53

Pippo Ciorra (Hrsg.), *Richard Meier,* mit dem Text »Richard Meier o la rappresentazione della modernità« von Livio Sacchi, Mailand 1993

Michele Costanzo, Vincenzo Giorni und Maria Grazia Tolomeo (Hrsg.), *Richard Meier/Frank Stella: Arte e Architettura,* mit dem Gespräch »Richard Meier and Frank Stella: A Conversation About Architecture and Art«, Ausst.-Kat. Palazzo delle Esposizioni, Rom, Mailand 1993

Philip Jodido, *Contemporary American Architects,* Köln 1993

Richard Meier: Stadthaus Ulm, mit den Texten »Richard Meier and the Urban Context« von David Galloway und »Die Verstädterung der Architektur« von Stephan Barthelmess, Niederstotzingen 1993

Manfred Sack, »Luxus? Warum nicht?«, in: *Die Zeit,* 19. November 1993, S. 63

Frank Stella: Die Moby Dick Serie, mit den Texten »Kooperation: Frank Stella und Richard Meier« von David Galloway und »Frank Stella's ›Moby Dick Serie‹ im ›Stadthaus‹ von Richard Meier« von Brigitte Reinhardt, Ausst.-Kat. Ulmer Museum, 1993

Lois Nesbitt, *Richard Meier Sculpture: 1992–1994,* New York 1994

Manfred Sack, *Richard Meier – Stadthaus Ulm,* Stuttgart 1994

Max Bächer, »Das Stadthaus Ulm und der Münsterplatz«, in: *Domus,* Februar 1995, S. 7–22

Silvio Cassarà, *Richard Meier,* Bologna 1995; Nachdruck in Deutsch: Basel 1996

Silvio Cassarà, *Richard Meier – Works and Projects,* Barcelona 1995

Oliver G. Hamm, »Der wahre weiße Riese«, in: *Bauwelt,* 11, August 1995, S. 1635–1641

Philip Jodidio, *Richard Meier,* Köln 1995

Jean Mas (Hrsg.), *Richard Meier Architect,* CD-ROM mit Kommentaren von Henri Ciriani, Kenneth Frampton, André Rousselet, Frank Stella und Ezra Stoller, Lugano 1995

Stadhuis Bibliotheek: The City Hall/Library Complex by Richard Meier in The Hague, mit einem Interview mit Richard Meier und den Texten »The Quest for the City Hall« von Fred Feddes, »The City Hall as a Pivot of Urban Renewal« von Victor Freijser, »A Public Library in a Prominent Place« von Olof Koekebakker und »The Atrium, Livable Climate and Technology« von Ed Melet, Rotterdam 1995

Ackerberg House + Addition, New York 1996

Werner Blaser, *Richard Meier Details,* Basel 1996

Masahiko Haito und Midori Nishizawa (Hrsg.), *Richard Meier and Frank Stella: Architecture and Art,* mit den Texten »Meier's Toad and Stella's Garden« von David Galloway, »Ecstasy of the Artificer: On the Architecture of Richard Meier« von Seiken Fukuda, »Thoughts on Frank Stella« von Richard Meier und »Walls and Frank Stella« von Masahiko Haito, Ausst.-Kat. Akira Ikeda Galerie, Tokio 1996

Oliver G. Hamm, »Fertighäuser von Richard Meier?«, in: *Der Architekt,* April 1996, S. 258–260

New Buildings by Richard Meier, mit den Texten »Is Richard Meier Really Modern?« und »Sculptural Sanctum« von Joseph Giovannini, »Aloof Abstraction« von Peter Buchanan, »The Getty Gets Ready« von Martin Filler, »Swiss Precision« von Reed Kroloff, »Dutch Modern« von Colin Davies und »Meier's White Turns Green« von Raul Barreneche, in: *Architecture,* Februar 1996

Enrique von Peininger, »Richard Meier Weiß« und »FMRS und das Museum für zeitgenössische Kunst«, in: *Licht & Architektur,* Juli bis September 1996, S. 74–77 und S. 78–80

Richard Meier Houses, mit den Texten »The Dance of Composition« von Paul Goldberger und »Richard Meier's Ideal Villas« von Sir Richard Rogers, New York 1996

Karen Rudolph, »Museum für zeitgenössische Kunst, Barcelona« und »Licht ist ein vergängliches Medium», in: *ERCO Lichtbericht,* 52, August 1996, S. 4–11

Ingeborg Flagge und Oliver Hamm (Hrsg.), *Richard Meier in Europa,* Berlin 1997

Vera Graaf, »Ihr Lebenswerk, Richard Meier?«, in: *Architektur & Wohnen,* August/September 1997, S. 102–105

Philip Jodidio, *Zeitgenössische amerikanische Architekten,* Bd. 3, Köln 1997, S. 98–103

Richard Meier: Barcelona Museum of Contemporary Art, New York 1997

Michael Brawne, *Architecture in Detail: The Getty Center,* London 1998

Progetto Architettura, Richard Meier: The Getty Center, mit den Texten »Richard Meier and the Museum as a Metaphor« von Aldo Colonetti und »Absolute LA The Getty Center« von Florencia Costa, Ausst.-Kat. Galleria Civica Di Arte Contemporanea, Trento 1998

Richard Meier und Sean Scully, *Espace et Lumière: Conversation avec Michael Peppiatt,* Paris 1999

Richard Meier Architect, mit einem Vorwort von Richard Koshalek und Dana Hutt, einer Einführung von Dana Hutt und Texten von Stan Allen, Kenneth Frampton, Jean-Louis Cohen, Ausst.-Kat. Los Angeles Museum of Contemporary Art, New York 1999

Richard Meier Architect 3, mit einem Vorwort von Richard Meier und den Texten »Three Tropes in the Later Work by Richard Meier« von Kenneth Frampton und »The Third Installment« von Joseph Rykwert, Nachwort von Arata Isozaki, New York 1999

Paul Goldberger, »Ein Tempel für das Licht«, in: *Architectural Digest* (deutsche Ausgabe), 18, Februar/März 2000, S. 64–73

Niklas Maak, »Rückkehr der Urmotive: Bürogebäude der Reederei Rickmer Rickmers», in: *Architektur in Hamburg,* Jahrbuch 2001, S. 12–17

Richard Meier, mit den Texten »Meier Style« von Francesco Dal Co, »Forty Years of Practice« und »Works and Projects 1965–2002« von Kenneth Frampton, Mailand 2002

Richard Meier: The Architect as Designer and Artist, mit einem Vorwort von Michael E. Shapiro und den Texten »The Song of the Object: Richard Meier as Artist« von David Shapiro, »An Emblematic Grandson of Modernism« von Volker Fischer, New York 2003

Ansicht von Nordosten mit der Brücke zur Staatlichen Kunsthalle

Herausgeber: Stiftung Frieder Burda
Klaus Gallwitz, Isabel Greschat

Übersetzung: Stefan Barmann

Verlagslektorat: Regina Dorneich

Grafische Gestaltung, Satz und Herstellung: Andreas Platzgummer

Schriften: Akzidenz Grotesk Extended, Stempel Garamond

Reproduktion: Pallino Media Integration, Ostfildern-Ruit

Papier: LuxoSamtoffset 170g/m^2

Gesamtherstellung: Dr. Cantz'sche Druckerei, Ostfildern-Ruit

Buchbinderei: IDUPA, Schübelin GmbH, Owen/Teck

Erschienen im
Hatje Cantz Verlag
Senefelderstraße 12
73760 Ostfildern-Ruit
Tel. 07 11 / 4 40 50
Fax 07 11 / 4 40 52 20
www.hatjecantz.de

ISBN 3-7757-1530-4
Printed in Germany

Fotonachweis

S. 17–19: Fotos (2004) Ursula Dix, Baden-Baden;
S. 26–30: Fotos Wolfgang Pehnt, Köln;
S. 41: Badisches Generallandesarchiv Karlsruhe;
S. 42: Institut für Baugeschichte der Universität Karlsruhe (TH);
S. 43: Archiv Staatliche Kunsthalle Baden-Baden (2003);
S. 44: Foto (2002) Pavel Stecha, Prag;
S. 45: Kunstsammlung zu Weimar, Schenkung E. Weininger;
S. 47: Fotos (2004) Gerhard Everke, Karlsruhe;
S. 76–85: Fotos Wolfgang Breyer, Baden-Baden / Koppelstätter Kommunikation, Baden-Baden / Peter Sandbiller, Karlsruhe / Klaus Schultes, Baden-Baden
S. 12–15, 20–25, 32–37, 50–53, 70–73, 94–95, Umschlagabbildung: Fotos Klaus Frahm, Hamburg